겟 머니
GET MONEY

겟 머니

GET
MO
NEY

이경애 지음

 밀리언서재
Million Publisher

부자란 무엇인가?

당신은 부자가 되고 싶은가?

이 질문에 '노(No)'라고 대답할 사람은 아무도 없을 것이다. 그만큼 오늘을 살아가는 사람들은 누구나 부자가 되기를 열망한다.

젊은 날 잡지사 기자로 사회에 첫발을 내디뎠다. 그때 가장 많이 만났던 인터뷰이(interviewee)가 우리나라에서 손꼽히는 부자들이었다. 덕분에 그들로부터 적잖은 노하우를 배웠다. 현재 나는 그들과 같은 크기의 부를 이룩하지는 못했지만, 그들에게 배운 것들을 실행에 옮겨서 풍요로운 삶을 살고 있다. 그래서 부를 이루는 노하우를 나만 알고 있기보다 더 많은 사람들에게 알려주고 싶었다.

그렇게 해서 오래전부터 부자가 되려면 어떻게 해야 하는지 알려주는 강연을 해왔다. 사람들은 내 이야기에 열광했고 강연에서 못다 한 이야기를 더 들려달라고 부탁했다. 그런 말을 들으면서 자연스럽게 책을 써야겠다는 생각을 하게 되었다. 내가 홀로 독점하기에는 아까운 얘깃거리들이 많았고, 강연을 통해 공개하기에는 시간이 모자랐다.

　내가 만난 부자들은 당시 내가 상상할 수 없을 정도의 부를 이룬 사람들이었다. 처음에는 취재를 잘해서 좋은 기사를 쓰는 것이 목적이었는데 차츰 그들이 들려주는 삶의 면면에 빠져들었다. 자기 관리, 사업 철학, 인생관 등에서 남다른 면모를 보이는 그들에게 배울 점이 많았다. 모두 부자가 되기를 꿈꾸지만 아무나 부자가 될 수 있는 게 아니었다.

　내가 만난 부자들을 분석한 후 부를 꿈꾸기 시작하면서부터 부를 이루고 그것을 지속적으로 유지하기까지 과정을 5가지 단계로 나눴다. 먼저 돈의 본성을 파고들어서 돈을 벌어들이는 구조를 파악한 후 돈의 흐름에 올라타야 한다. 여기까지는 돈을 벌어들이는 방법에 관한 것이다. 그다음 돈의 파트너를 구축하고, 돈의 무대를 넓히는 것은 현재에 멈추지 않고 지속적으로 성장하는 것이다. 그리고 마지막 단계는 돈을 재생산하는 것이다. 돈이 생산을 멈추는 순간 퇴보해서 없어지기 때문이다. 이 5단계는 부자가 될 수 있는 열쇠이자 인생에서 가장 중요한 가치들에 관한 것이다. 또한 이것은 비단 부를 이루는 것뿐 아니라 경영과 인생 전반에도 적용할 수 있는 법칙이다.

부에 대한 통찰을 더하기 위해 내가 만난 부자들과 아울러 세계적으로 명성 높은 경영자들의 이야기도 함께 정리했다. 부자들의 조언을 통해 내가 성장해온 경험담도 담았다. 나의 이야기는 부자들의 노하우를 어떻게 적용하면 좋을지를 알려줄 것이다.

부자가 되는 비법을 다루는 책은 이미 많이 나와 있다. 하지만 나는 단지 돈을 버는 기술을 담은 것이 아니다. 부자들이 어떤 생각을 하는지, 삶의 가치는 무엇인지를 이야기하고 싶었다. 그들이 사회 시스템 속에서 어떻게 삶의 목표를 세우고 실현해나가는지, 사업이라는 시스템을 어떻게 만들어가는지, 힘이 되는 사람들과의 인연을 어떻게 확보하는지, 부를 지키기 위해 어떤 생활 습관을 갖고 있는지, 가족 특히 자녀에게 어떤 세상을 보여주고 어떤 꿈을 심어주는지를 말하고 싶었다. 큰 부자는 하늘에서 낸다는 말처럼 큰 부를 이룩하는 사람들은 단지 돈만을 좇는 것이 아니라는 점을 알려주고 싶었다.

혹자는 이미 부자들만의 세상이 견고해서 계층 이동이 불가능하다고 불평할 수 있다. 그들의 세상을 둘러싼 벽은 나날이 높아지고 단단해지고 있으며, 계층 이동 사다리가 사라져가고 있다고 진단하는 학자들도 많다. 그러나 이 책에서 우리나라 경제를 성장시킨 창업 1세대의 이야기를 통해 과거에 그들이 상대했던 세상도 현재 우리가 만나는 세상에 비해 결코 녹록지 않았다는 점을 꼭 밝혀두고 싶다. 그들의 빛나는 성과는 오랜 시간 피땀 흘려 일궈온 결과물이지 하늘에서 뚝 떨어진 행운이 아니다. 이 책을 통해 내가 전하고 싶은 것은 '희망고문'이 아니라 '노력하는 만큼 내 삶이 전진할 수 있다'는 소박한 진실이다.

이 책을 펼쳐서 읽기를 결심했는가? 그렇다면 이미 당신은 부자가 되기 위한 문턱을 넘어서는 중이다. 이 책은 진정한 성공의 의미가 무엇인지 이해하는 데 도움을 줄 것이고, 삶의 목표를 달성하는 데 중요한 팁을 제공할 것이다. 부자가 되고 싶고, 더 나아가 의미 있는 삶을 창조하기 위해 노력하는 이들에게 이 책을 권한다.

마지막으로 물심양면 도와주는 남편 이우찬 아브라함과 항상 바쁜 엄마를 이해해주는 이연호 로사에게 사랑한다고 전하고 싶다. 또한 이 책이 탄생하기까지 도와주신 엔터스코리아 박보영 차장님께도 감사의 인사를 전한다.

2022년 뙤약볕 속 시원한 바람을 기대하며
이경애

GET MO NEY

PART

01

돈의 본성을
파고들어라

01

부자들은 무엇 때문에 돈을 버는가?

돈, 쓰기 위해 번다?

"눈을 감아봐." 경영인들과 네덜란드를 방문했을 때 꽃이 만개한 곳에서 한 기업가가 느닷없이 말했다. 20년 넘게 무역회사를 운영하고 있는 그는 어린 나이에 성실하게 기자 생활을 한다며 이런저런 질문에 늘 친절하게 답해주었다. 얼결에 눈을 감자 잠시 후 "이제 눈을 떠봐"라고 했다.

"눈을 감으면 아무것도 보이지 않는다. 형제도 부모도 중요하지 않다. 내가 없으면 아무 소용 없다. 내가 가장 중요하다. 그러므로 누군가가 아닌 스스로를 위해 일해야 한다."

이 세상에서 가장 소중한 것은 바로 나다. 돈이 없는 집안에서 태어났다 하더라도 내가 모든 가족을 책임질 수는 없다. 사람은 저마다의 몫을 타고난다. 내가 없어도 그들은 자기 인생을 살아갈 것이다. 그런데 왜 안달하는가.

그는 내 형편을 잘 알고 있었다. 언제나 가족들을 생각하며 돈 벌 궁리에 골몰하는 속내를 말이다. 나는 부자까지는 아니어도 돈을 많이 벌고 싶었다. 누가 뭐라고 하지 않는데도 스스로 장녀라는 무게에 짓눌려 있었다. 결혼해 새롭게 꾸린 가정에서 제 역할을 다하려면 매월 받는 월급에서 16만 원 이상의 돈이 더 필요했다. 기자라는 직업상 자주 만나는 경제인들을 통해 돈 버는 방법을 배우고 싶었다.

그런데 그의 말은 뜬금없이 들렸다. 맞는 말이기는 하지만 당장 갈증으로 목이 타는 상황에서 아무런 도움이 되지 않는 듯했다. 돈 버는 이유가 가족과 함께 잘 먹고 잘사는 것이 아니면 무엇이겠는가? "그럼 회장님은 무엇 때문에 사업을 하세요?"라고 물으니 그는 잠시 말을 멈췄다.

"사업은 내 삶을 찾는 과정이다."

그는 지금 하는 일이 곧 자기 자신이라고 했다. 자신을 찾아나가는 것이 곧 일이고 사업이라는 것이다. 사람들은 돈을 벌려고만 한다. 돈만 바라보는 것이다. "돈 벌어서 뭐 하려고 하는가?"라는 질문에 대한 답은 단순하다. 잘 먹고 잘살려고, 돈 걱정 없이 살려고 돈을 번다고 한다. 하지만 고작 그런 이유로 그 어려운 과정을 견뎌낼 수 있을까? 그는 사람들이 목표가 없거나, 목표가 될 수 없는 것에 매여서 돈을 좇는다고 말한다.

가족 때문에 돈을 번다, 부모님 때문에 좋은 대학에 가고 좋은 회사에 다녀야 한다고 말한다. 어떤 목표든 내가 없다면 이루기 어렵고 설령 이뤘다 하더라도 행복할 수 없다. 무엇이든 내가 중심이 되어야 한다. 내가 행복하기 위해서, 그 일을 하고 싶어서 해야 한다. 그는 이 마음이야말로 인생의 모든 차이를 만들어낸다고 단언했다. 지금 내 눈앞을 오가는 경제인들은 모두 자신과 일을 동일시했기에 큰 부를 이룰 수 있었다고 말이다.

"부자가 되고 싶은가? 그럼 생각부터 바꿔라."

세계 1위 부자들은 왜 계속 일하는가?

기업가의 말은 처음에는 선뜻 이해되지 않았으나 계속 머릿속을 맴돌았다. 그리고 곱씹을수록 내가 왜 일을 해야 하는지, 어떤 일을 할 때 행복한지 알게 되었다. 결국 그의 조언은 12년간 해온 기자 생활을 그만두고 다른 직업을 선택하는 기폭제가 되었다.

새롭게 시작한 직업은 학습지 방문 교사였다. 이 일을 선택한 것은 영어에 자신 있었고, 아이들을 가르치고 싶었기 때문이다. 내가 잘하는 일이자 하고 싶은 일이었다. 게다가 방문 교사는 열심히 뛰는 만큼 돈을 벌 수 있었다. 혼신의 힘을 다해 일했다. 한순간도 시간 때우기 식으로 대충하지 않았다. 아이들의 성적이 쑥쑥 오르자 엄마들 사이에서 입소문이 퍼졌다. 나와 수업을 하려면 1년을 기다려야 할 정도로 학생들이 줄을 섰고 전국적으로 상위권에 속했다. 지금으로부터 30여 년 전인데도 연봉 1억 원이 넘었다. 생활비를 넉넉하게 충당하고도 돈이 남았다. 남는 돈은 착실하게 저축했고, 목표한 돈을 모았을 때 방문 교사를 그만두었다.

다른 사람들이 만든 시스템에 머무는 것보다 내가 시스템을 만들고 싶었다. 무엇보다 내 방식, 내 철학을 살려서 아이들을 가르치고 싶었다. 서울, 경기 지역의 학교와 주택가를 돌아다니며 학원 차릴 만한 곳을 물색했다. 인천시의 한 지역에서 시작한 학원 사업은 160개가 넘는 지점을 거느리게 되었다. 학원을 차리기 위해 매입한 상가 가격이 오르면서 자연스럽게 자산도 불어났다. 남들처럼 부동산 투자를 한 것이 아니라 기업가의 조언대로 좋아하는 일을 했을 뿐인데 돈이 저절로 따라온 것이다.

나에게 큰 영향을 준 그 기업가와 같은 말을 한 사람이 있다. 15년 간 NBA(미국 프로 농구) 최고 선수들의 코치였고 기업 코칭 전문가로 활동 중인 앨런 스테인 주니어는 자신의 책 《승리하는 습관 : 승률을 높이는 15가지 도구들》에서 "압도적인 성과를 내는 운동선수들 = 성공한 억만장자 경영인들"이라고 했다. 둘은 놀라울 만큼 똑같은 원칙을 가지고 있는데 그것이 바로 내적 욕구이다. 내적 욕구는 "나 자신을 쏟는다"는 의미로 열정과 같다. 자신이 무엇을 할 수 있는지를 정확히 인식하고 내적 욕구를 폭발시켜야 한다. 내적 욕구가 있으면 어려움이 닥치더라도 목표를 붙들고 나아갈 힘을 짜낼 수 있다. 누군가 아픈 조언을 하더라도 수용하고 자기 발전에 활용한다. 우리가 알고 있는 NBA 스타 스테판 커리, 코비 브라이언트 그리고 세계 최고 부자들 모두 내적 욕구를 통해 폭발적인 성과를 거둔 사람들이다.

2021년 경제 전문지 〈포브스〉가 선정한 세계 부자 순위 1위는 테슬라의 일론 머스크이다. 그의 자산은 무려 3,042억 달러(약 364조 7,400억 원, 2021년 11월 기준)이다. 그런데 어마어마한 부를 이룬 일론 머스크조차 "돈이 중요하지 않다"고 말했다.(BBC뉴스, 저스틴 로라트) 그에게 돈은 목표가 아니다. 그저 좋아하는 일, 자신의 영혼을 걸고 하고 싶은 일을 했을 뿐이다. 그것이 그에게 큰 부를 가져다준 것이다.

일론 머스크가 돈을 목표로 하지 않은 것은 그가 애초부터 부자여서가 아니다. 현재는 세계 최고의 부자로 불리지만 그의 어린 시절은 험난했다. 남아프리카공화국에서 태어난 그는 어린 시절 아버지와 사이가 좋지 않았던 데다 친구들에게 지독한 왕따를 당했다. 외롭고 끔찍한 상황에서 벗어나기 위해 그는 캐나다로 옮겨 와서 살다 미국으로 건너갔다.

10대의 머스크는 프로그래밍을 좋아하는 영리한 소년이었다. 그는 펜실베이니아대학교를 졸업하고 스탠퍼드대학교 응용물리학과 재료과학 박사과정에 입학했으나 사업을 결심하고 이틀 만에 학업을 접었다. 없는 형편에 사무실에서 쪽잠을 자며 ZIP2라는 회사를 창업했다(ZIP2는 신문사에 인터넷 도시 가이드 소프트웨어를 제공하거나 라이선스를 부여하는 회사이다. 위키백과). 머스크는 몇 년 후 이 회사를 컴팩에 3억 700만 달러(약 4천억 원)에 매각하면서 억만장자가 되었다(그가 가진 지분은 7%로 2,200만 달러를 받았다). 이후 그는 친구들과 온라인 은행 엑스닷컴을 만들었고, 컨피니티라는 회사와 합병하면서 페이팔로 사명을 바꾸었다. 2002년 이베이는 페이팔을 15억 달러에 사들였다. 약 11%의 지분을 보유하고 있던 머스크는 1억 6,500만 달러를 갖게 되었다.

현재 그는 테슬라와 스페이스X의 CEO이다. 스페이스X는 우주

탐사 기업이고 테슬라는 전기자동차 회사로, 그가 오랫동안 관심을 가졌던 우주와 에너지 영역에서 사업을 펼치고 있는 것이다. 그는 사업을 할 때마다 자신이 보유한 자산을 아낌없이 투자한다. 한때 그의 회사가 만든 전기자동차에 문제가 발생하여 위기를 맞이했으나 포기하지 않고 문제점을 해결해나가면서 마침내 세계 최고의 부를 거머쥐었다. 일에 대한 내적 욕구가 온갖 어려움으로부터 그를 지탱해주었다고 생각한다.

내가 왜 이 일을 하고 있는가? 이 일이 나의 가슴을 뛰게 하는가? 이 질문에 명확히 답하는 사람들이 부를 거머쥔다. 내적 욕망을 온통 쏟아부을 수 있는 일을 찾아 매진한다면 부는 자연스럽게 따라온다.

쓰레기통 속에서 끌어올린 욕망

내가 난생처음으로 내적 욕구가 끓어올랐던 기억이 하나 있다. 열아홉 살에 서울 가면 좀 더 잘살 수 있을 거라는 막연한 생각에 무작정 올라와 친척 집 방 한 칸에 얹혀살았다. 다리를 펴고 눕기조차 어려울 정도로 작은 방에서 문갑과 벽 틈새로 발을 뻗고 겨우 잠을 잤다. 남의 집에서 눈치가 보여 가족들이 화장실을 쓰지 않는 시간에 청소를 하고 부엌일까지 해두었다. 옷 한 벌을 가지고 여름에는 소매를 접어서 입고 겨울엔 펴서 입으며 사계절을 보냈다.

겨울에 변변한 외투도 없이 다니는 나를 본 친구 어머니가 안 입는 친구 옷을 내게 주었다. 진보라색 오리털 점퍼였다. 내 눈에도 퍽 예뻤고, 다른 친구들도 예쁘다며 칭찬이 쏟아졌다. 그런데 막상 점퍼 주인이었던 친구는 속상했는지 점퍼를 다시 돌려달라고 했다. 서운한 마음이 들었지만 당연히 돌려주겠다고 말했다. 한 번 입었으니 그냥 돌려주는 것은 예의가 아니라고 생각해 돈을 빌려 세탁까지 했다.

동네 도서관에서 친구를 만나 점퍼를 돌려주고 헤어졌다. 혹시나 친구 생각이 바뀌었을까 하는 일말의 기대는 무참히 깨졌다. 친구가 먼저 떠나고 잠시 뒤에 집으로 돌아가려고 출입구를 향해 걸어가는데 쓰레기통에서 익숙한 색깔이 눈에 띄었다. 그 보라색 점퍼였다.

친구는 그 점퍼를 쓰레기통에 버리고 간 것이다. 그 순간 심장이 두근대기 시작했다. 다시 주워서 입을까? 점퍼를 입었던 내 모습, 포근했던 감촉이 떠올랐다. 마음속으로 '네가 버렸길래 내가 다시 가져왔어'라고 되뇌이면서 쓰레기통으로 다가갔다.

그때 웬 남자아이가 그 점퍼를 날름 가져가 버렸다. 남자아이를 붙잡고 내 옷이라고 말할 수도 없었다. 점퍼를 발견한 순간부터 그 아이가 가져갈 때까지 불과 1~2분 남짓이었다. 이후로 좁은 동네에서 점퍼를 입은 남자아이가 곧잘 눈에 띄었다.

그때 처음으로 생각했다. 잘사는 게 뭔지 모르겠지만 정말 잘살아야겠다고. 도움받는 사람보다 도움 주는 사람이 되어야겠다고 결심했다.

기업가의 조언을 곱씹으면서 오랜만에 보라색 점퍼를 기억에서 끄집어냈다. 보라색 점퍼는 내가 하고 싶은 일이 무엇인지, 돈을 벌면 무엇을 해야 하는지를 알려준 방향 지시등이었다. 이러한 경험들로 인해 나에게 꼭 맞는 일을 하게 되었고, 작게나마 누군가를 돕는 일도 하고 있다. 그때 쓰레기통에 버려진 보라색 점퍼를 다시 가져와서 입었더라면 지금과는 조금 다른 삶을 살았을지도 모른다.

02

부자들이 돈을 사랑하는 법

부자들이 두려워하는 것

회장이 긴 막대기를 주워 들고 바닷물 속을 휘휘 저어대자 수행비서들은 어쩔 줄 몰라하며 회장을 따라 같은 시늉을 했다. 회장이 찾는 것은 주머니에서 굴러떨어진 50원짜리 동전이었다. 부산에서 열린 경제인들 모임이 끝나고 나서 있었던 일이다.

저녁 식사를 마친 후 바람을 쐬자는 제안에 몇몇 경제인들과 함께 바닷가로 나왔다. 잠시 바다의 정취를 즐기던 중 그 회장이 주머니에서 손수건을 꺼내다 50원짜리 동전이 딸려 나와 바닥을 굴러가더니 바다로 퐁당 빠져버렸다.

같이 있던 사람들이 동전 찾기에 동참했다. 캄캄한 바닷가에 열댓 명의 사람들이 바닥을 기다시피 하는 진풍경이 벌어졌다. 조금 찾다 그만둘 줄 알았는데 다른 회장들조차 포기할 기미를 보이지 않았다.

"회장님 이제 그만하세요. 바닷속에 빠진 동전을 어떻게 찾겠어요." 내가 나서서 말리자 회장은 몸을 일으키더니 들고 있던 막대기를 내려놓았다. 이제 그만하겠구나 싶었는데, 다음 순간 이런 말이 떨어졌다. "잠수부를 동원해."

회장의 지시에 수행비서는 부리나케 자리를 뜨더니 잠수부를 데리고 나타났다. 그들은 곧바로 바다에 들어갔다. 얼마간의 시간이 지나고 한 잠수부가 마침내 50원짜리 동전을 찾아냈다. 동전을 받아 든 회장의 얼굴에 미소가 가득했다.

우리는 다시 호텔로 돌아와 라운지에서 따뜻한 차를 마시며 동전 소동으로 끊어졌던 대화를 이어갔다. 하지만 나는 좀 전의 일을 도저히 이해할 수 없어서 회장에게 물었다.

"50원짜리 동전 하나를 찾겠다고 잠수부까지 부르시다니요. 잠수부에게 지불하신 돈이 그보다 훨씬 많잖아요."

그러자 회장이 말했다.

"50원도 돈이다. 그리고 돈은 인격체이다. 내게 들어온 돈을 잃어버렸는데 찾을 노력을 하지 않으면 다시는 돈이 나를 찾지 않을 것이다."

　우리나라 최고 부자들을 취재하면서 그들의 절약 정신을 익히 알고 있었지만 그 배경에 이런 이유가 숨어 있는 줄은 몰랐다. 푼돈이라도 아껴야 부자가 된다는 일차원적인 생각이 아니라, 돈도 인격체로 여기고 소중하게 대하는 것이다.

　누군가에게 돈을 줄 때도 한 손으로 주지 않는다. 예전에는 직원들 월급을 봉투에 넣어 직접 전달했는데, 이때도 반드시 두 손으로 전했다. 월급을 통장으로 입금하면서 월급명세서를 봉투에 넣어 직원들 책상에 올려두었다. 봉투에는 "한 달 동안 고생 많으셨습니다"라는 인사말도 적혀 있었다. 빌딩 관리와 청소를 담당하는 직원들에게도 마찬가지였다. 돈에 대한 존중이자 돈을 벌어들이는 사람에 대한 존중이다.

　상점이나 식당에서 돈을 지불할 때도 다르지 않다. 드라마 속 부자들처럼 지갑에서 돈이나 카드를 휙 빼내 한 손으로 건네는 일은 없다. 먼저 동전 지갑에서 동전을 꺼내 준 다음 지갑에서 지폐를 꺼내 건넨다. 적은 돈이 모여 큰돈이 되는 것이니 적은 돈을 소중히 다루기 위해 동전 지갑을 늘 가지고 다닌다.

　부자들은 돈을 쓸 때 특히 신중하다. 자산이 많아도 일상적으로 지출하는 금액이 월급쟁이인 나와 별 차이 없을 정도이다. 그들의 사전에 충동구매란 없으며, 소비해야 할 때와 그렇지 않을 때를 정확하게 구분한다. 한 기업가는 해외 출장을 갈 때마다 발레를 배우는 딸을 위해 발레 슈즈를 구입한다. 그런데 1분 1초가 아쉬운 바쁜 일정에도 틈틈이 쇼핑센터를 다니면서 가격, 기능, 디자인을 꼼꼼히 비교해보고 10켤레를 한꺼번에 구입하는 것이다. 드라마처럼 가장 비싼 매장에 들어가 눈에 보이는 대로 집는 것과는 전혀 다른 모습이다.

"돈을 더 많이 끌어당기려면 돈에 대한 애정을 가지고 있어야 한다. 내가 돈을 인격체로 존중하고 그에 맞게 행동한다면 돈은 절대 배신하지 않는다."

부자들은 비용을 깐깐하게 따지지만 업무상 필요하다고 판단되면 돈이 많이 들더라도 과감하게 투자한다. 우리나라 최초로 분쇄기를 들여온 기업가가 있었다. 지금은 아담한 크기에 가격도 비싸지 않지만 그때만 해도 자동차 한 대 값에 버금가는 무척 큰 기계였다. 그는 사업차 독일에 갔을 때 분쇄기를 처음 접하고 카탈로그를 받아서 돌아왔다. 이후 며칠간 사무실에서 밤새 연구하고 본사에 연락해 기계에 대한 설명을 들었다. 주위 다른 기업가들에게도 분쇄기에 대해 설명하고 "당신이라면 구입하겠느냐"고 설문조사를 하기도 했다. 이렇게 충분히 숙고한 후 최종적으로 구입을 결정했다. 업무상 필요한 것에 대한 투자는 재생산되기 때문이다. 돈의 입장에서 봐도 목적이 분명한 지출이었다.

부자들은 좋은 곳, 좋은 음식, 좋은 물건을 마음껏 즐길 것 같지만 실상은 그렇지 않다. 보통 사람들이 돈을 마구 쓰고 싶어서 부자를 꿈꾸는 것과는 다르다. 돈을 함부로 대했다가는 돈에게 미움받는다고 생각하는 그들은 무엇보다 돈을 소중히 다룬다. 돈에게 외면당하는 것만큼 부자들에게 무서운 일은 없기 때문이다.

돈이 더 이상 늘어나지 않을 때

부자들은 자신이 돈으로부터 외면받을 수 있는 2가지 신호를 알고 있다. 하나는 돈이 이유 없이 빠져나가는 것이고, 또 하나는 돈이 늘어나지 않는 것이다. 돈은 인격체인 만큼 불어나지 않는 것은 생명력이 약해졌다는 의미다. 부자들은 자산이 강인하게 자라날 수 있도록 생명력을 불어넣기 위해 노력한다.

부에 생명력을 불어넣기 위해서는 어떻게 해야 할까? 돈이 끊임없이 오가는 곳에 가서 관찰해야 한다. 돈이 오가는 곳이란 사람들이 많이 모이는 번화가를 말한다. 돈을 계획 없이 쓰지 않는 부자들은 쇼핑을 즐기지는 않지만 어느 지역 어느 나라를 가든 쇼핑센 터를 반드시 방문한다.

경세인들이 유럽의 몇몇 나라를 시찰하는 일정에 동행했을 때였 다. 프랑스 파리에서 유명한 쇼핑센터에 방문했는데 한 기업가가 내게 각자 둘러보고 1시간 후에 다시 보자고 했다. 쇼핑에 별 관심 이 없었던 나는 무료하게 시간을 때우다 1시간 뒤에 기업가를 다 시 만났다. 그런데 그가 나에게 "자네는 왜 좋은 기회를 놓치는 건 가?"라고 물었다. 무슨 말이냐고 반문하자 그가 말했다.

"명품관에 진열된 상품을 보면 부자들이 뭘 사는지 알 수 있다. 쇼핑에 관심이 없어도 돈이 어떻게 흘러가는지를 봐야 한다."

그는 나와 헤어지고 나서 수행비서를 시켜 내 행동을 관찰했다고 한다. 그는 내가 명품관 근처에도 가지 않고 문구점에만 머물렀던 것을 지적했다. 쇼핑센터는 돈이 오가는 대표적인 공간이다. 어떤 상품이 진열되고 팔리는지를 지켜보면서 사람들의 욕구를 읽을 수 있어야 한다. 게다가 파리의 쇼핑센터는 다국적 공간이므로 전 세 계인의 욕구를 읽을 좋은 기회라는 것이다.

쇼핑을 즐기라는 게 아니다. 부를 느끼고, 갖고 싶다는 욕망을 가 져야 한다. 명품관 상품을 갖고 싶다고 생각하는 순간 뇌에 각인

되어 내적 욕망이 생겨난다. 내적 욕구가 생기면 그걸 이루기 위해 계획을 세우고 결국 언젠가는 얻게 될 것이다. 욕구조차 없다면 계획도, 실행도 없는 것이다. 돈이 없다고 해서 남들의 소비 행태에 관심을 두지 않는 것은 앞으로도 계속 돈이 없을 거라고 말하는 것과 같다. CEO들이 빠듯한 일정에도 굳이 쇼핑센터를 방문하는 이유는 사람들이 많이 모이는 곳에서 아이디어를 얻어 부를 늘리기 위해서이다.

경제인들은 사람들이 많이 모이는 곳을 골라 찾아다닌다. 또 다른 기업가는 해외 출장을 갈 때마다 최고급 호텔이 아닌 청년들이 자주 찾는 저렴한 숙소에서 머문다. 단지 비용 절감 때문이 아니다. 세계 여러 나라에서 온 청년들을 만나기 위해서이다. 그들이 어떤 대화를 나누는지, 어떤 옷을 입고 어떤 음식을 먹는지, 어떤 물품을 사용하는지 등을 속속들이 관찰하는 것이다.

또한 그는 뉴욕에 가면 타임스퀘어에 가서 하루 종일 오가는 사람들을 지켜본다. 다양한 인종과 국적의 사람들이 어떤 옷차림을 하고 손에 무엇을 들고 다니는지 살펴보는 것이다. 길거리의 간판과 광고판도 지나치지 않는다. 작은 것도 놓치지 않으면서 아이디어를 떠올린다는 것이다. 그는 사람들을 관찰하면서 떠올린 아이디어를 제품 개발에 참고하여 좋은 성과를 거두었다.

윈드서핑보드 제작업체를 운영하는 사람은 해외 출장을 다니면서 단조로운 색감에서 벗어나 다채로운 컬러와 디자인을 입혀보자는 생각을 하게 되었다. 그리고 이전의 보드와 확연히 다른 디자인으로 보드 마니아들의 사랑을 받았다.

연매출 수백억 원대의 중견 무역회사를 운영하는 사람은 마음이 답답할 때마다 차를 몰고 고속도로로 나가서 트레일러가 무엇을 싣고 다니는지를 살펴본다. 코일이 실려 있다면 단중(단위질량)은 얼마이고 종류는 무엇일지를 생각한다. 차량이 향하는 곳이 거제도라면 조선소일 것이고, 울산이라면 자동차일 거라고 추측한다. H빔이나 파이프가 많이 오가는 것을 보고 건설업계가 활황이라는 사실을 알아채기도 한다. 그는 길거리에서 얻은 정보들을 사업에 십분 활용한다.

사람들이 많이 모이는 곳을 찾는 것은 우리나라 CEO들만이 아니다. 영국의 세계적인 디자이너 폴 스미스는 의류, 신발, 액세서리, 향수 등을 만드는 패션 브랜드 폴 스미스의 창업자이다. 그는 번뜩이는 호기심과 관찰력으로 자신이 본 모든 것을 디자인에 적용하는 것으로 유명하다. 휴가 때마다 여행을 즐기는 그는 리투아니아에서 본 녹색, 옥색, 회색을 적용해 셔츠의 스트라이프 문양을 고안해냈다. 런던 꽃 박람회에서 본 꽃을 디자인에 적용해 화려한 가방과 스커트를 만들었다. 2018년 출시된 '슈트 트래블 컬렉션'은 일상뿐 아니라 여행이나 출장 때 편하게 입을 수 있는 슈트로, 구김

이 가지 않는 소재에 멋스러운 디자인으로 많은 사랑을 받았다. 그는 여행지에서 사람들이 무엇을 원하는지를 관찰하는 것이다.

부자가 되려면 세상이 돌아가는 것에 관심을 가져야 한다. 어떤 산업, 어떤 나라가 돈을 벌고 있는지, 돈에 대한 정보에 민감해져야 한다. 힘들다고 느껴질 정도로 많이 다녀야 한다. 거리에서 만나는 정보들은 사무실에 앉아 궁리만 해서는 결코 얻을 수 없는 것들이다. 부자들은 사람들이 오가는 길거리에서 진짜 돈 버는 사업 아이디어를 떠올린다.

03

부자, 돈 버는 구조부터 다르다

내가 부자가 될 수 없는 이유

"세상의 모든 일에는 다 이유가 있다. 부자가 되지 못하는 것도 마찬가지다."

한 기업가와 어떻게 해야 부자가 될 수 있을까에 대해 얘기할 때였다. 나는 노력만이 부자가 되는 길이라고 말했고 내가 부자가 되지 못한 이유 역시 노력이 부족해서라고 했다. 그러자 기업가는 노력만으로는 부자가 될 수 없다고 했다.

그는 오늘날 많은 사람들이 노력을 부자의 키워드로 삼는 게 잘못이라고 말했다. 물론 노력은 가치 있지만 전부는 아니라는 것이다.

"우리 부모님도 새벽에 일어나 해 떨어질 때까지 일을 하셨지.

그렇다면 아버지는 부자가 되었어야 했는데 우리 가족은 너무도 어렵게 살았거든."

그는 화물차를 타고 서울에 처음 올라왔다. 화물기차가 몇 시쯤 군산역을 지나간다는 것을 알아두었다가 그 시각에 맞춰 몰래 올라탄 것이었다. 그는 숙식이 제공되는 가죽가공 공장에서 처음 일을 시작했다. 아무것도 가진 것 없던 그 소년은 지금 서울 한복판에 빌딩을 소유한 부자가 되었다.

그는 자신이 부자가 될 수 있었던 이유는 돈의 속성과 돈의 흐름을 연구했기 때문이라고 했다. 무턱대고 노력을 쏟아붓기 선에 이 사회가 돈을 생산해내는 시스템을 이해하고 돈을 벌 수 있는 시스템을 만드는 것이 먼저이다. 노력은 그다음 순서라는 것이다.

"부자들은 시스템을 이용해서 돈을 번다. 돈이 돈을 버는 원리에 철저하게 순응하는 것이다."

그의 말을 선뜻 이해하기 힘들었다. 어릴 때부터 열심히 일해야 부자가 될 수 있다고 들어왔기 때문이다. 사회에 나와서도 열심히 일하다 보면 언젠가 내 삶이 나아질 거라고 믿었다. 그러나 이것이 잘못된 믿음이라는 것이다.

"사람의 노력에는 한계가 있다. 그게 바로 함정이다."

노력만으로 부자가 될 수 있다면 잠도 안 자면서 쉬지 않고 일하는 사람이 부자가 될 것이다. 그러나 사람이 기계가 아닌 이상 일만 하다가는 부자가 되기 전에 몸 어딘가가 고장 나고 말 것이다. 노력의 절대량으로 승부하는 것은 애초에 인간으로서 불가능한 일이다.

그는 공장에서 하루에 4시간 잠을 자며 일했다고 한다. 아침 6시에 출근해서 다른 직원들이 모두 퇴근한 후에도 일을 계속하다 새벽 1시에 퇴근했다. 동료들은 그가 집에 가는 모습을 본 적이 없다. 열심히 일하는 그를 대견하게 여긴 사장은 월급을 더 많이 주었고, 그는 더욱 신나서 일했다. 그렇게 몇 년간 일했는데, 어느 순간부터 월급이 잘 오르지 않았다. 그가 일할 수 있는 한계에 도달했기 때문이다. 더 많이 벌고 싶은 마음은 굴뚝같아도 투입할 수 있는 시간의 한계, 신체의 한계가 있었다.

그는 결국 회사를 그만두었다. 청춘을 바쳐서 일하느라 남들처럼 즐기지도, 가정을 꾸리지도 못했다. 보통의 직장인보다는 더 많은 돈을 모았지만 그가 바친 열정, 젊음, 헌신에 비하면 부족한 결과였다.

그는 자신이 직접 공장을 운영해보기로 했다. 어느 건물 지하를 빌려 의류공장을 차리고 사장으로서 제2의 인생을 시작했다. 직원들이 퇴근한 후에도 남아서 어떻게 히면 좀 더 멋진 제품을 만들까 고민했다. 직원들보다 일찍 출근해 훨씬 더 늦게 퇴근하는 생활을 15년 정도 했을 때 스스로 만족할 만한 매출에 도달했다. 사업이 안정화되어 영업을 하지 않아도 고객들이 꾸준히 찾아주었다. 그리고 그는 서울 번화가에 위치한 30층 넘는 빌딩의 주인이 되었다.

그는 자신이 성공한 비결은 '시간을 지키는 방법' 덕분이라고 했다. 내 시간을 허투루 낭비하지 않고 아끼고 지켜서 알차게 활용하는 것이다. 직장인들은 회사에 자기 시간을 내주고 그 대가로 급여를 받는다. 그는 이 방법이 수입을 늘리는 데 한계가 있다는 걸 깨닫고 다른 사람의 시간을 활용해 돈을 버는 방법을 선택했다고 한다. 자신의 시간은 부동산, 펀드 등에 투자하는 데 사용했다. 회사에서 벌어들인 종잣돈으로 투자해서 돈을 굴린 것이다. 처음에는 너무나 힘들었지만 이제는 돈 벌기가 점점 쉬워진다고 했다.

"노력만으로 부자가 될 수 있다고 믿는 한 절대 부자가 될 수 없다."

부자들이 부자일 수밖에 없는 이유

그는 로버트 기요사키가 쓴 《부자들의 음모》를 추천해주었다. 이 책을 보면 보통 사람들이 왜 돈을 모으지 못하는지를 알게 된다는 것이었다. 우리는 부자들이 만든 사회구조 속에서 살아가고 있으므로 그 구조를 이해해야만 부자가 될 수 있다고 한다.

보통 사람들은 학교를 졸업하고 취업해서 열심히 돈을 번다. 그렇게 모은 돈과 은행에서 받은 대출을 합해 내 집 마련을 한다. 그리고 결혼해서 맞벌이를 하며 대출금을 갚아나가고 아이들을 낳아 기른다. 아이들 교육비 때문에 돈이 부족하면 집을 담보로 대출을 더 받거나 투잡을 뛴다. 주식이나 펀드에 투자하기도 한다. 은퇴 후에는 주택연금이나 국민연금, 개인연금을 받아서 생활을 이어간다.

여기서 보통 사람들이 이용하는 시스템은 뭘까? 주택담보대출, 신용카드, 주식과 펀드 등 각종 투자, 연금제도 등이다. 하지만 돈이 돈을 낳는 지점은 잘 보이지 않고 되레 줄어들 때가 많다. 집 마련, 교육비, 생활비 등으로 빌린 대출금 이자와 신용카드 할부 이자를 감당해야 하고, 돈을 벌기 위한 투자를 하더라도 세금으로 일부 비용이 지출된다.

보통 사람들의 삶은 부자들의 삶과 많은 부분에서 차이가 있다. 그중 가장 큰 차이는 방어성과 공격성이다. 보통 사람들은 삶의 주요 이슈들이 있을 때마다 돈을 빌려서 해결하는 방어적인 형태를 취하고 있다. 근로소득이 주요 수입원이고 대출을 활용해 그때그 때 문제를 해결해나간다. 원금과 이자를 갚아나가다 보니 좀처럼 여윳돈을 만들기 힘들다.

반면 부자들은 근로소득과 사업소득이 주요 수입원이고 적극적 으로 대출을 끌어들여 돈을 벌 수 있는 규모를 키운다. 사업 관련 대출은 세금 감면 혜택이 더 크고, 일자리 창출에 따른 지원 혜택 도 많다. 사업으로 벌어들인 수익금을 수익형 부동산, 주식, 펀드 등에 골고루 투자하여 자본소득, 재산소득 등 더 많은 소득을 거둬 들인다. 그야말로 돈이 돈을 벌어들이는 구조이다.

보통 사람들이 사회 시스템에 순응하면서 방어적으로 살아갈 때 부자들은 공격적으로 사회 시스템을 활용하여 부를 재생산한다. 다 각도로 돈을 벌어들이므로 웬만한 외풍에도 끄덕하지 않는다. 하나 금융경영연구소가 발표한 〈2022 한국 부자 보고서〉에 따르면 대 한민국 부자들의 29%가 팬데믹 기간 동안 자산이 10% 이상 증가했 다. 대중부유층(소득이 세전 7천만 원~1억 2천만 원 사이 가구)은 자산이 22% 증가, 일반 대중은 12% 증가한 것에 비하면 대조적이다. 대중 부유층의 1/4이 2020년 코로나 발생 후 소득이 감소했다가 2021년 부동산 가격 상승으로 인해 다시 증가했다. 부동산 시장이 침체되면 변화할 가능성이 있으므로 부자들의 재산 증식과는 차이가 있다.

우리나라 부자들의 자산 구성을 보면 부동산, 예금, 주식, 금융 상품, 펀드, 채권, 금, 외화 등 다양하다. 부자들은 처음에는 예금으로 시작하여 자산이 어느 정도 모이면 그때부터는 다양한 투자처를 찾아 나선다. 전 재산을 현금으로 은행에 예치해두는 것은 화폐가치가 하락하기 때문에 위험하다고 여겨 일정량의 예금만 보유하고 투자의 비중을 높인다. 다양한 투자 항목들에 자금을 분산하고 경기 흐름에 따라 자산 비율을 조정한다. 부동산 호황이 예상될 때는 부동산 매입에 집중하고, 주식 호황이 예상될 때는 주식을 사들인다. 부자들에게 어떻게 부자가 되었는지 얘기해달라고 하면 모두 책 한 권은 족히 쓰고도 남을 정도로 이야깃거리를 풀어낸다. 그만큼 다양한 시도를 하는 것이다.

보통 사람들은 지금 가진 것을 잃어버릴까 봐 두려워서 아무것도 하지 않을 때 부자들은 과감하게 움직인다. 오랫동안 저금리 기조가 계속될 때 부자들은 대출로 많은 자금을 확보해서 사업과 투자를 확대해나갔다. 이처럼 부자와 보통 사람들의 격차가 생길 수밖에 없는 이유는 돈을 버는 구조가 다르기 때문이다.

부자를 더 부자로 만드는 시스템

코로나 팬데믹으로 세계 각국 정부는 국민들의 생활을 지원한다는 명목으로 거대한 자금을 풀었다. 우리나라도 예외는 아니었다. 소상공인을 대상으로 각종 지원 사업을 벌였고 아예 전 국민에게 현금을 나눠주기도 했다. 그러나 기대에 못 미친 지원금에 거센 항의가 쏟아지기도 했다.

하지만 경기부양책의 일환으로 정부가 푼 막대한 자금이 화폐가치 하락을 야기하고 결국 물가 상승으로 이어질 수 있다. 물가 상승이 무서운 이유는 서민들의 살림을 어렵게 만들기 때문이다. 불과 얼마 전까지 2,500원이던 김밥 한 줄이 3천 원, 4천 원까지 오른다. 월급이 물가만큼 오르지 않아 가계 살림을 꾸려나가기 힘든 데다 서민들에게 가장 예민한 집값까지 상승한다. 결국 서민들만 고달픈 세상이다. 지원금은 필요하지만 그 효과가 긍정적이기만 한 것은 아니다.

부자들은 화폐가치가 하락하는 인플레이션을 적극적으로 활용해 투자한다. 대출을 받아서 공장 기계 설비를 늘리거나 건물, 토지, 금, 고가의 미술품 등 다양한 자산을 확보한다. 주식이나 펀드보다 실물자산 확보에 주력한다. 자산 규모가 큰 부자들일수록 빚의 규모도 크다. 코로나 위기에도 부자들의 자산은 오히려 증가했다는 통계는 이들이 얼마나 시스템의 원리를 잘 활용하고 있는지를 보여준다. 인플레이션 위기에도 흔들리지 않고 잘살려면 나의 실물 자산을 늘릴 방법을 강구해야 한다.

코로나 팬데믹이 변곡점을 맞이하는 시기에 세계 주요 나라들은 오랫동안 유지했던 저금리 정책을 바꾸고 있다. 인플레이션을 잡는 데는 금리 인상이 교과서적 해법이므로 각국 정부가 이를 선택하는 것 당연하다. 금리가 오르면 시중의 자금 유동성이 줄어들어 물가가 하락하고 대출이 줄어들며 집값도 하락할 수 있다.

금리 인상은 저금리로 은행에서 돈을 빌렸던 개인이나 중소기업에게 좋지 않은 소식이다. 낮은 이자로 돈을 빌려서 생활비를 충당하거나 사업을 해왔는데, 금리가 오르면 이자 부담이 커지기 때문이다. 반면 큰 부자들은 금리 인상에도 선제적으로 대응한다. 대출 규모를 줄이고 투자보다는 예적금을 늘려 이자 수익을 올리는 방식으로 자산 비율을 조정한다. 이들이 시의적절하게 자산관리를 잘하는 이유는 신문이나 경제 전문지에서 발표하는 정부 정책과 경기 동향을 꾸준히 관찰하고 다양한 경제서를 탐독하면서 경제 감각을 유지하기 때문이다. 부자들이 돈을 다루고 시스템을 활용하는 힘은 풍부한 지식과 정보에서 나온다.

결코 노동만으로는 잘살 수 없다. 인플레이션, 디플레이션이 번갈아가며 우리를 괴롭히고 사회 시스템은 가난한 자를 더욱 가난하게, 부자를 더욱 부자로 만든다. 부자가 되기 위해서는 사회 시스템에 순응해서 내 자산을 갉아먹고 있는 것이 무엇인지 살펴보아야 한다.

겟 머니, 기다림이다

"가장 안전한 자산은 뭐니 뭐니 해도 부동산이지."

한 기업가는 부동산 투자에 열심이다. 그는 식당을 운영하면서 부모에게 물려받은 절대농지에 비닐하우스를 만들어 농사를 지었는데 그 땅이 개발되면서 일약 돈방석에 앉았다. 내 주변에서는 보기 드문 벼락부자형이다. 그는 이때 번 돈으로 가공식품 회사를 차렸는데 일하는 틈틈이 부동산을 보러 다니고 주식과 펀드에도 투자했다.

부동산은 다른 투자 수단에 비해 안정적이다. 대지를 보유하는 것이므로 가격의 등락이 있더라도 투자금이 휴짓조각이 되지는 않는다. 그래서 부자들은 누구나 부동산에 투자한다.

비영리민간연구소 랩2050은 통계청 가계금융복지조사 자료를 바탕으로 구축한 '한국 부동산 계층 데이터베이스'를 분석해서 〈한국의 부동산 부자들 : '한국 부동산 계층 DB'로 본 계층별 사회경제적 특성〉이라는 보고서를 만들었다. 그에 따르면 최상위 2%는 평균 30억 7,600만 원의 부동산을 보유하고 있다. 거주하는 주택 외에 2배 더 많은 부동산을 보유하고 있었다. 또한 KB경영연구소의 〈2021 한국 부자 보고서〉에 나온 부자들의 자산 포트폴리오를 보면 부동산 자산이 59.0%, 금융 자산이 36.6%로 구성돼 있다. 부자들의 투자가 부동산 위주로 이뤄지고 있는 것이다.

부자들은 어떤 부동산을 좋아할까? 상업용 부동산이다. 위의 기업가는 부자들이 처음에는 아파트와 빌라 등 주거용 부동산을 투자하다 돈을 벌면 점차 상업용 부동산으로 범위를 넓힌다고 한다. 보통의 투자자들이 아파트와 빌라 등 주거용 부동산을 중점적으로 취급하는 것과 달리 부자들은 상가, 빌딩에 관심이 많고, 토지를 매입해서 부동산 개발사업을 하기도 한다는 것이다. 그의 설명은 금융기관의 분석과도 맞아떨어진다. KB경영연구소가 고액 자산가들을 대상으로 하는 자산관리 전문가들을 조사한 결과 부자들이 가장 선호하는 자산은 상가(38%)였다.

부자들은 부동산 투자를 위해 적극적으로 공부한다. 언론에 발표되는 부동산 정책, 도시계획 등을 꼼꼼하게 챙기며 법령을 공부한다. 뉴스를 흘려듣지 않고 그것이 자신과 어떤 연관성이 있는지를 항상 생각한다. 정보 수집과 공부를 게을리하지 않기 때문에 돈을 벌 수 있는 기회를 잘 포착한다.

"쓸 만한 녀석을 골라서 무럭무럭 자랄 때까지 기다린다고 생각한다."

그가 부자들의 주식투자를 한마디로 표현한 것이다. 그는 단타보다 장기투자를 선호한다고 했다. 사업하느라 바빠서 주식 그래프를 들여다볼 시간이 없다는 것이다. 주식은 실물자산이 아니므로 위험성이 있다. 그런데도 대박을 노리는 사람이 많으며 작전주에 휘말리기도 한다. 그는 욕심이 많을수록 이런 위험에 노출될 수 있다고 지적하면서 투자란 가능성 있는 기업을 함께 키워나간다는 마음으로 해야 한다고 말한다.

하나금융경영연구소가 발표한 〈2022 한국 부자 보고서〉를 보면 부자들의 투자 성향을 알 수 있다. 금융자산 10억 원 이상 보유한 부자들은 주식이 평균 23% 상승하면 매도하고, 15% 하락하면 손절매한다. 대중부유층은 19% 상승 시 매도, 16% 하락 시 손절매했으며 일반 대중은 매수 매도 시점이 상승, 하락 모두 15%였다. 손절매 타이밍은 큰 차이 없지만 상승장일 때 매도를 결정하는 수익률 지점은 부자들이 더 높다.

부자들은 주가의 등락에 따라 일희일비하지 않는다. 보통 사람들이 오르면 벌떼같이 달려들어 매수하고 떨어지면 사시나무 떨듯 두려움에 사로잡히는 것과는 다르다. 그들은 장기투자 관점에서 접근하므로 오늘 내일의 주가에 연연하지 않는다.

헝가리 유대인 출신의 전설적인 투자가 앙드레 코스톨라니는 《돈, 뜨겁게 사랑하고 차갑게 다루어라》에서 장기투자가 모든 주식 거래에서 최고의 결과를 낳는 방법이며, 단기투자는 성공할 확률이 지극히 낮다고 했다. 그러면서 여윳돈을 우량주에 투자하고 오랫동안 보유하는 것이 투자 비법이라고 했다. 그가 말한 주식 투자 원리는 주변의 부자들에게 마르고 닳도록 들었던 내용과 동일하다.

부자들의 투자 성향을 살펴보면 부동산이든 주식이든 장기투자가 안정적이라고 한다. 흔히 '하이 리스크 하이 리턴(high risk high return)'이라고 하지만 부자들은 공격적인 투자를 하되 원금을 다 날려도 좋다는 식의 위험을 감행하지는 않는다. 일회성 고수익보다 장기적으로 안정적인 수익을 가져다줄 상품을 고른다. 한번 투자한 자금을 쉽게 회수하지 않고 목표 수익을 얻을 때까지 기다린다.

부자들이 암호화폐 투자를 꺼리는 것도 같은 맥락이다. 대부분의 부자들이 암호화폐에 투자하지 않고, 하더라도 크지 않은 금액으로 체험해보는 정도이다. 투자 손실 위험이 커서, 거래소를 신뢰할 수 없어서, 암호화폐에 대해 잘 몰라서 등의 이유이다.(〈2021 한국 부자 보고서〉, KB경영연구소) 부자들은 미래 산업에 관심을 두고 투자를 감행하기도 하지만 자산이 줄어들 정도로 위험한 투자를 하지는 않는다.

위의 기업가는 적은 돈으로도 투자할 수 있는 방법은 얼마든지 있으며, 시장의 평균수익률을 목표로 투자하다 보면 자산이 불어날 것이라고 했다. 아무리 적더라도 수익을 차곡차곡 모아서 새롭게 확장될 수 있는 구조를 만드는 것이 중요하다.

"사람들은 티끌을 우습게 여긴다. 인내하지 않고 일확천금을 노리려는 것이다."

사업, 투자 모두 인내가 가장 큰 덕복이다. 중도에 포기한다면 부자가 되고자 하는 꿈을 이루는 것은 불가능하다.

04

세계 부자 1위는 왜 대출을 받을까?

부자들의 빚에는 이유가 있다

중견기업을 운영하는 기업가는 신사업으로 무척 바빠졌다. 사업계획을 세울 때만 해도 자금이 부족해서 시작하지 못하는 것은 아닌지 걱정했다. 하지만 다행히 은행의 대출 승인이 떨어졌고 기대 반우려 반으로 시작한 신사업은 순풍에 돛 단 듯 순항 중이었다. 그는 수익금으로 빚을 갚지 않고 부지를 매입해 공장을 추가로 짓는 등투자를 더 확대해서 그 이상의 수익을 거둬들였다.

신사업이 잘되는 것은 운영 능력이 뛰어나기도 하겠지만 때맞춰 대출을 받아 최초 자금을 확보할 수 있었던 것이 결정적이었다. 콧대 높은 은행을 설득해서 큰 규모의 대출을 일으킬 수 있었던 노하우가 궁금했다.

"당신에게 1억 원이 있다면 그 돈을 중학생에게 맡기겠는가, 아니면 매월 500만 원의 매출을 올리는 상인에게 맡기겠는가? 은행이 금고를 열어주는 사람은 따로 있다."

그는 은행이 자신을 좋아하는 만큼 대출해주는 게 당연하다고 했다. 은행이 좋아하는 사람은 착실하게 저축하는 사람이 아니라 은행이 큰돈을 벌게 해주는 사람이다. 은행은 무엇으로 돈을 벌까? 이자로 수익을 올리는 것이다. 따라서 은행에 돈을 맡기는 사람보다 돈을 빌려가서 이자를 꼬박꼬박 내는 사업가를 더 좋아하는 것이 당연하다.

은행은 자금을 담을 안전한 그릇을 가진 사람, 즉 돈을 불릴 수 있는 사람에게 금고를 연다. 은행으로부터 돈을 빌린 사람들은 그것을 통해 더욱 부자가 된다. 대기업과 중소기업, 가진 자와 못 가진 자의 격차가 갈수록 벌어지는 것은 이런 자본주의의 속성 때문이다.

부자들에게 빚은 짐 덩이가 아니라 자산을 증식하는 수단이다. 대출로 사업을 해서 자산을 불리는 것이다. 매년 하나금융경영연구소가 발표하는 〈한국 부자 보고서〉를 보면 현금 10억 원 이상의 금융자산을 보유한 부자들의 약 45% 이상이 대출을 갖고 있었다. 대출의 목적은 상업용 부동산 구입, 절세 목적, 사업자금 마련 등이었다. 보통 사람들은 주택을 구입하거나 생활비 목적으로 대출을 받는 데 반해 부자들의 대출은 투자 목적이 크다. 서민들이 돈을 깔고 앉거나 없앨 때 부자들은 그 돈을 불리는 방안을 연구한다.

〈포브스〉 선정 2022년 세계 최고 부자 1위에 등극한 일론 머스크는 최근 트위터를 465억 달러(약 57조 5,670억 원)에 인수하기로 결정했다. 그는 트위터 인수금을 마련하기 위해 여러 은행에 255억 달러의 대출을 신청한다고 한다. 그중 절반에 가까운 125억 달러는 테슬라 주식을 담보로 한 것이었다. 자산이 무려 2,190억 달러(약 266조 6천억 원)에 달하는 그가 왜 대출을 받는 걸까?

첫 번째 이유는 자기자본의 매몰을 막기 위해서이다. 부자들은 투자할 때 자기자본의 투입을 최소화한다. 대출을 활용해 투자금을 마련하면 그만큼의 자기자본이 매몰되지 않으므로 또 다른 투자를 할 수 있다.

두 번째 이유는 세금을 줄이기 위해서이다. 자산의 대부분이 테슬라와 스페이스X의 주식인 머스크가 인수금을 마련하기 위해 주식을 매도하면 양도소득세를 내야 한다. 그러나 주식을 담보로 대출받으면 세금을 낼 필요 없고 이자를 은행에 납부하면 된다. 양도세보다 이자가 훨씬 더 싸므로 대출을 받는 것이 더 이익이다. 그때문에 세계 최고 부자 머스크가 조세정의에 관심이 없다는 비난을 받기도 한다.

탈세와 절세의 외줄타기를 한다는 점을 칭찬할 수는 없겠지만 부자들이 대출로 자금을 마련해 사업을 키워가는 것은 눈여겨볼 필요가 있다. 위의 기업가는 똑같이 빚을 졌는데 왜 누구는 부자가 되고 누구는 가난해지는지 그 이유를 깨닫는다면 함정에 빠지는 일은 없을 거라고 했다.

"부자들의 빚은 자본의 재생산이 가능한 형태이고, 보통 사람들의 빚은 자본이 사라지는 형태이다."

빚은 지는 것이 아니라 활용하는 것

잘 아는 회사의 직원이 대표에게 빚이 많다고 걱정했다. 회사의 전망을 보고 입사했는데 알고 보니 자본금의 상당액이 정부에서 받은 창업 지원 대출이라는 것이다. 금방이라도 회사가 잘못되는 것은 아닌지 염려하는 마음이었다.

대표가 대출금으로 사무실을 넓히고 고급 승용차를 샀다면 걱정할 일이다. 그러나 그 회사의 대표는 누구보다 열심히 일하고 있었다. 많은 대표들이 부족한 자본금을 마련하기 위해 정부나 은행에서 대출을 받는다. 사업을 열심히 일궈 빚을 갚고 자산을 불릴 수 있으면 좋은 빚이다.

빚은 어떻게 활용되느냐에 따라 좋은 빚과 나쁜 빚으로 구분할 수 있다. 대개 빚은 나쁜 것으로 인식된다. 나도 어릴 적부터 어쩔 수 없이 빚지게 되더라도 하루빨리 갚아야 한다고 배웠다. 그래서 사업을 하기 위해 은행에서 돈을 빌릴 때 걱정이 컸지만 사업을 키워나가면서 좋은 빚의 의미를 깨닫게 되었다. 이제는 빚이 무조건 나쁘다는 생각을 하지 않는다.

많은 이들이 부자가 되려면 가장 먼저 자본금이 있어야 한다고 생각하면서도 빚을 지기가 두려워 꿈이나 계획을 포기한다. 그러면서 부자들은 하나같이 금수저라고 생각한다. 그러나 억만장자들은 무일푼으로 시작해 성공하겠다는 의지 하나로 노력했다. 그들은 사업계획서를 가지고 은행과 자산가들에게 투자금을 받기 위해 열정을 쏟았다. 보통 사람들은 빚의 무게감에 매몰돼 목표를 놓칠 때, 누군가는 목표를 달성하는 수단으로 빚을 활용했다.

어느 모임에서 만난 직장인은 경기도에서 서울의 직장까지 하루 왕복 5시간 출퇴근하다 은행에서 대출을 받아 직장에서 1시간 거리에 집을 마련했다. 출퇴근 시간이 무려 3시간 절약되었는데 그는 이 시간을 창업 구상에 투자했다. 그는 이제 이름만 대면 알 만한 여행사 대표가 되었다. 이렇게 목표가 있고 자본의 재생산을 위한 대출은 좋은 빚이다. 좋은 빚은 레버리지(leverage) 효과를 불러일으킨다.

레버리지란 타인의 자본을 지렛대처럼 활용해 자산을 매입하는 것을 말한다. 내 자본만으로 투자할 때보다 수익률을 더 높일 수 있어서 많은 부자들이 활용하고 있다. 예를 들어 자기가 보유하고 있는 5천만 원에 은행에서 대출받은 5천만 원을 합쳐서 총 1억 원으로 사업해 3억 원을 벌었다면 자기자본 대비 400%의 수익을 얻은 것이다. 그런데 대출 없이 내 자본금 1억 원으로 3억 원을 벌었다면 자기자본 대비 수익은 200%가 된다. 자본금을 100% 준비하기 위한 시간이 필요하므로 최종 수익을 얻기까지 시간도 배 이상 늘어날 것이다. 이처럼 레버리지를 활용했을 때 시간을 더 단축하고 더 높은 이익을 얻을 수 있다.

레버리지를 이용하면 무조건 이익을 만들 수 있을까? 그렇지는 않다. 주의할 점이 있다. 차입금을 끌어들여도 일이 계획대로 되지 않고 실패할 확률은 언제나 존재한다. 사업이 생각보다 잘 안 될 수도 있고 매입한 건물의 가치가 떨어져 투자 대비 마이너스가 될 수도 있다. 무리해서 대출을 받았다가 이자를 제때 납부하지 못할 때도 있다. 이러한 리스크를 예상하고 감당할 수 있는 범위에서 계획을 세워야 한다. 우선 대출금 이자를 감당할 만큼 수익을 벌어들일 수 있는지를 판단해본다. 예를 들어 1억 원을 빌려 1년에 100만 원의 이자를 낸다면 최소 100만 원 이상의 수입을 올릴 자신이 있어야 한다. 또한 이자 이상의 수익을 거뒀을 때 대출금 상환을 대비해서 비축해두어야 전체적으로 순자산이 늘어난다.

돈의 성질을 배우는 데 있어 빚을 지는 것만큼 좋은 경험은 없다. 열심히 사업해서 큰 나뭇가지에 주렁주렁 열매가 맺히듯 좋은 결과를 얻더라도 돈 쓰는 달콤함에만 빠져든다면 오래가지 못한다. 빚은 돈의 양면성을 모두 체험할 수 있는 매개체이다. 빚은 잘만 다루면 기회를 만들 수 있다.

한 사업가는 성경에 나오는 '주인과 하인 이야기'를 들려주면서 레버리지의 긍정적 효과를 설명해주었다. 주인이 멀리 떠나면서 3명의 하인에게 각각 금 5달란트, 2달란트, 1달란트를 주었다. 현재 시세로 금 1달란트는 약 20~40킬로그램으로 추정되는데 최소로 잡아도 10억 원이 넘는 엄청난 액수이다. 5달란트를 받은 하인은 장사를 해서 5달란트의 수익을, 2달란트를 받은 하인 역시 2달란트의 수익을 거뒀지만 1달란트를 받은 하인은 그대로 땅에 묻어두었다. 주인이 돌아왔을 때 두 하인은 원금에 수익금까지 2배의 돈을 가져왔으나 1달란트를 받은 하인은 원금만 가져와 쫓겨나고 말았다. 원금을 잃어버릴까 두려워 땅에 묻어두었다는 것이다.

"돈은 계속 흘러가야 한다. 멈춰 있는 돈은 아무 역할도 하지 못한다. 돈은 돌고 도는 흐름을 타야 하기 때문이다. 레버리지를 잘 활용하면 좋은 결과를 기대할 수 있다."

　많은 사람들이 부자가 되고 싶다는 꿈을 꾼다. 대다수 사람들이 부모에게 물려받을 재산을 기대하기 어렵다. 기댈 언덕 없이 부자가 되려면 일정 부분 빚을 통한 성장을 각오해야 한다. 부자들처럼 빚을 다룰 줄 알아야 한다. 돈을 올바르게 다룰 수 있다면 나도 부의 주인공이 될 수 있다.

05

돈의 본성을 꿰뚫는 법

세상의 지혜와 지식을 만나는 법

"덕망을 갖춘 대표적인 리더로는 유비만 한 인물이 없어. 부하들이 그에 감복해 스스로 충성하잖아."

"부하들의 재능을 알아봐 주는 건 조조 역시 마찬가지야."

"경영자 입장에서는 유비보다 조조가 훨씬 더 공감 가는 부분이 많아."

경제인들 사이에서 열띤 토론이 벌어졌다.

부자들은 대체로 책을 많이 읽는데, 내가 본 경영자들이 공통적으로 가장 좋아하는 책은 바로 《삼국지》다. 두 번 이상 읽은 사람들도 많고 평역자가 다른 책이 출간되면 또 사서 읽는다. 자녀들, 심지어 손주들에게도 《삼국지》를 사준다. 한 질을 통째로 사주지 않고 매달 한 권씩 몇 년간 사주는 경영자도 있다. 책을 읽고 관련 내용을 가지고 토론하기도 한다.

《삼국지》를 읽지 않으면 경영자들의 대화에 낄 수 없을 정도다. 《삼국지》 인물들을 자기 회사 임직원들에 매칭하기도 하고, 책에 나오는 사건을 자기 경험에 빗대서 의견을 나누기도 한다.

"《삼국지》만큼 기업 운영에 대한 지혜를 주는 책도 없다. 세상만사가 《삼국지》에 모두 들어 있다."

《삼국지》는 수백 년 전에 쓰여진 책이지만 지금 읽어도 재미있고 유익하다. 리더의 역할, 인재를 등용하는 방법, 인력 배치, 전쟁에서 승리하기 위한 전략, 위기 극복 방안, 후계자 양성의 중요성 등 오늘날에도 유효한 이슈들이 풍부하게 들어 있다.

《삼국지》 외에 경영자들이 좋아하는 책은 자연 세계 시리즈이다. 텔레비전으로는 거의 뉴스만 보는데, 〈동물의 왕국〉은 '다시 보기'로도 꼭 챙겨 본다고 한다. 얼핏 따분해 보이는 야생의 풍경에 푹 빠지는 이유가 뭘까? 한 기업가는 꾸밈없는 자연의 풍경이 생각을 비우는 데 좋다고 말했다.

"동물들은 본능에 충실하다. 인간과 달리 가식 없고 솔직하다. 인간이 동물들처럼 자연세계의 질서에 순응한다면 많은 문제가 사라질 것이다."

눈코 뜰 새 없이 바쁜데 챙겨 볼 시간이 있느냐는 질문에 귀찮아 하는 기색 없이 빙그레 웃으며 말한다. "대신 경영자들은 의미 없는 수다를 떨지 않는다. 사람들이 왜 바쁘다고 종종걸음치겠는가. 의미 없는 행동으로 시간을 낭비하기 때문이다."

그의 말에 수다는 스트레스를 풀기 위한 방편이라고 반박했고 그도 동의한다고 답했다. 그러면서도 시간의 효율성을 잘 살리면 아무리 바빠도 좋은 책을 읽고 좋은 프로그램을 챙겨 볼 수 있다고 말했다. 특히 독서만큼 세상의 지혜와 지식을 쉽게 많이 배울 수 있는 방법은 없다는 것이었다.

부자가 될 시간이 없는 사람

그는 부자가 되고 싶다고 부자의 행동을 모두 따라 할 필요는 없으나 좋은 습관을 본받을 필요는 있다고 했다. 그런 차원에서 부자들이 좋아하는 책을 읽어보라며 두 권을 추천했다.

첫 번째 책은 미국의 작가이자 성공학 연구가 나폴레온 힐이 쓴 《성공의 법칙(Law of Sucess)》이다. 힐은 기자 시절 철강왕 앤드루 카네기를 만나 성공할 수 있는 인생의 법칙을 알게 되었다. 대충 흘려들었다면 오늘날까지 자기 이름을 남기지 못했을 뿐 아니라 부자가 되지도 못했을 것이다. 그는 앤드루 카네기가 건네준 성공한 기업가 507명을 직접 인터뷰하고 조사하면서 터득한 성공의 철학을 책으로 펴냈으며 5천만 부 이상 판매된 베스트셀러가 되었다. 토머스 에디슨, 헨리 포드, 킹 캠프 질레트 등 세계 거부들의 경험이 책 한 권에 모두 들어 있다.

"변명 중에서도 가장 어리석고 못난 변명은 '시간이 없어서'라는 것이다."

— 토머스 에디슨(《성공의 법칙》, 나폴레온 힐)

이것은 시간을 금처럼 활용하는 그가 꼽은 책 속 명언 중 하나이다.

두 번째 책은 앙드레 코스톨라니가 쓴 《돈, 뜨겁게 사랑하고 차갑게 다루어라》이다. 코스톨라니가 쓴 많은 투자서들이 베스트셀러가 되었는데 이 책은 그의 마지막 저서이다. 출간되자마자 독일 베스트셀러 1위를 차지했고, 최장기 베스트셀러 목록에 오를 정도로 많은 사랑을 받았다. 코스톨라니는 93세인 1999년 2월에 이 책을 집필하기 시작해서 7개월 만인 9월에 탈고했는데, 안타깝게도 미처 서문을 쓰지 못하고 세상을 떠났다.

그는 이 책을 세 번째 정독하는 중이라고 하면서, 적은 돈으로 어떻게 투자해야 하는지, 나이가 들어 후손들에게 어떤 유산을 남겨야 하는지를 알게 되었다고 한다. 그는 가장 기억에 남는 구절로 다음 문장을 꼽았다.

"재정적인 독립은 건강 다음으로 중요한 최고의 선이며 가장 귀한 것이다."

재정적 독립이라고 하면 내 삶을 책임질 수 있는 경제적인 능력을 갖추었다는 의미이고, 이를 바탕으로 궁극의 목표인 경제적 자유를 이룰 수 있다. 경제적인 자유를 얻으면 내가 하고 싶은 일을 하고 하기 싫은 일을 안 해도 된다. 늘 생계의 무게를 짊어지고 사는 우리에게 이보다 더 매혹적인 가치가 있을까.

나보다 앞서 경험을 쌓은 이들에게 지혜를 배우고 시행착오를 줄일 수 있는 것이 독서의 유익함 중 하나이다. 가진 것 없는 나 같은 사람들도 부자가 될 수 있는 시스템을 구축하는 법을 알려주는《부의 추월차선》(엠제이 드마코), 시장에서 독보적인 차별화를 이루는 전략을 담은《핑크 펭귄》(빌 비숍) 그리고《백만 불짜리 습관》을 비롯한 브라이언 트레이시의 책들은 내가 경제적인 부를 일궈나가고 학원을 운영하는 데 도움을 주었다.

돈의 원리가 세상 돌아가는 원리

일본에서 존경받는 경영자 도코 도시오는 철저한 자기관리와 열정적인 리더의 표상이다. 늘 오래된 양복과 낡은 구두를 걸치고 골프장은 근처에도 가지 않을 정도로 검소한 사람이다. 회사의 어느 누구보다 일찍 출근하고 열심히 일해서 직원들이 그 모습을 보고 존경하지 않을 수 없었다. 이런 그의 눈에 띄는 습관이 바로 독서이다. 아침에 일어나자마자 책을 읽었고 하루 일과를 마치고 집으로 돌아와 저녁을 먹고 나서도 책을 읽었다. 그의 본받을 만한 생활태도, 뛰어난 경영 철학은 풍부한 독서에서 나온다고 해도 과언이 아니다.

워런 버핏, 빌 게이츠, 마크 저커버그, 일론 머스크 등 세계적인 경영자들도 책을 끼고 산다. 세계 최고의 부호이자 투자의 귀재 워런 버핏의 친구 찰스 멍거는 버핏이 평생 학습 기계로 살 수 있는 역량을 가진 점이 존경스럽다고 했다. 500페이지의 책을 하루에 다 읽을 정도로 버핏의 독서량은 엄청나다. 다독가이면서 신문도 열심히 읽는다. 그에게 경제신문 읽기는 하루 필수 일과 중 하나이다.

버핏은 성공 비결을 묻는 사람들에게 매일 독서와 신문 읽기의 중요성을 강조하는 한편 목적이 분명한 독서를 권했다. 목적이 있어야 책 읽을 동력이 생기고 현실에 적용해 삶을 발전시킬 수 있다.

마이크로소프트(MS)의 창립자 빌 게이츠는 1년에 50여 권의 책을 읽는 독서광이다. 그는 매일 시간을 정해서 규칙적으로 책을 읽는다. 그는 책을 읽으면서 자기 생각을 메모하고, 한 번 읽기 시작한 책은 끝까지 보는 것이 중요하다고 한다.

메타(전 페이스북) 회장 마크 저커버그도 독서광이다. 인문, 철학, 역사, 사회, 경영 등 다양한 분야의 책을 탐독한다. 그는 자신이 혁신적인 IT기업 대표로 성장할 수 있었던 비결로 인문학적 통찰을 꼽았다. 그는 오랫동안 다방면의 책을 읽은 덕분에 인간은 누구나 연결되고 싶어 한다는 것을 깨닫고 페이스북을 창업했다. 그는 여전히 독서에 매진하면서 미래 산업의 흐름을 그려가고 있다.

독서광으로 일론 머스크도 빼놓을 수 없다. 그는 《반지의 제왕》을 읽으면서 세상을 구하겠다는 꿈을 키웠다고 한다. 판타지, SF 소설들은 그가 상상력을 키우면서 새롭고 독창적인 사업을 하는 데 도움이 된다고 한다.

미국의 사회경제학자 랜달 벨 박사는 《Me We Do Be》에서 '성공한 사람에게는 있고 실패한 사람에게는 없는 7가지 생활 습관'을 소개했는데 그중 하나가 독서이다. 요즘 세대들은 책이나 신문을 읽어야 한다고 조언하면 고리타분하다며 고개를 젓는다. 그러나 부자들은 누구보다 열심히 책을 읽는다. 내가 본 부자들은 하나같이 엘리베이터나 이동하는 차량에서도 항상 손에 '종이'를 들고 있었다. 그 모습을 보면 미국 33대 대통령 해리 S. 트루먼이 "모든 독서가가 리더가 되지는 않겠지만 모든 리더는 독서가였다"라고 말한 것이 실감난다. 교보문고에 오랫동안 걸려 있었던 글귀처럼 "사람은 책을 만들고 책은 사람을 만든다".

부자들은 책을 통해 세상이 돌아가는 원리와 사람의 심리를 깊이 있게 연구하고 응용법을 궁리한다. 작은 부자는 몰라도 큰 부자가 되고 싶은 사람일수록 독서의 중요성을 잊지 말아야 한다.

GET MONEY

PART
02

돈의 흐름에
올라타라

01

사업을 시작하는 사람은 무엇이 다른가?

사업, 정말 돈이 없어서 못 할까?

"이 차장은 돈이 없어서 자전거를 못 타겠군."

해외에서 큰 사업 계약을 따낸 기업가가 인터뷰하는 자리에서 난데없이 나에게 한 말이었다. 그는 자리에서 일어나 창가로 다가가더니 창밖 풍경을 내려다봤다. 무심히 흘러가는 강 너머로 공사 중인 건물들이 희뿌옇게 보였다.

"돈을 모으면 사업하겠다거나 뭔가를 완전히 알아야 시작하겠다는 것은 평생 자전거를 못 타겠다고 선언하는 것과 같다."

우리는 먼 곳에 있는 목적지까지 걸어갈 수도 있고 자전거를 타고 갈 수도 있다. 두 발로 걸어가는 것보다 자전거를 타면 훨씬 빠를 것이다. 걸어가다 보면 너무 힘들어서 중도에 포기할지 모른다. 그러나 자전거의 운동에너지가 더해지면 힘들이지 않고 좀 더 쉽게 목적지에 도착한다. 마찬가지로 부자가 되고 싶다면 돈을 열심히 아끼고 저축하는 것만으로는 부족하다. 벌어들이는 돈의 양을 늘리려면 사업을 해야 하는데, 자전거의 운동에너지가 그와 같은 것이다.

자전거가 있든 없든 타는 법을 알아야 하는 것처럼 돈이 있든 없든 사업을 해야 한다. 많은 사람들이 어떤 일을 할 때 자금을 최우선으로 생각한다. 돈이 없으면 건물을 사고 싶은 마음을 접어버린다. 그러면서 건물을 사지 못하는 자신의 처지를 비관한다.

부자들은 사고 싶은 건물을 바라보며 낙찰을 받을까 대출을 받을까, 내 돈은 얼마를 넣고 대출은 얼마를 받으면 좋을까, 하고 방법을 생각한다. 돈이 있고 없고를 떠나 그 건물을 사서 무엇을 할 것인지를 계획한다. 건물을 통해 이루고 싶은 목표가 있기 때문에 포기하지 않는다. 돈이 없는 현실에 매몰되지 않고 돈 벌 방법을 궁리하고 배우는 것이 중요하다. 그제야 그의 말을 수긍하며 지금은 돈이 부족하니 사업까지는 무리이고 장사는 할 수 있을 것 같다고 말했다.

"장사를 하겠다는 것은 좋다. 단, 장사에서 시작해 사업으로 나가야 한다."

큰 부자는 시스템이 만든다

장사와 사업의 차이는 무엇일까? 그리고 장사로 시작해서 사업으로 나가야 하는 이유는 무엇일까? 장사와 사업의 가장 큰 차이는 규모이다. 그는 장사란 골목에서 살아남기 위한 것이고, 사업은 범위가 정해지지 않은 것이라고 했다. 좀 더 쉽게 설명하면 장사는 물품을 파는 것이고, 사업은 시스템을 파는 것이다. 파는 것이 다르니 사장의 역할도 다르다. 장사는 사장이 메뉴 개발부터 재료 주문, 영업·마케팅, 포장, 재고 관리, 계산, 회계 등 모든 것을 직접 해야 한다.

반면 사업은 사장이 자신보다 일을 더 잘할 사람을 고용한다. 직원을 고용하고 가르쳐서 사장보다 더 잘하게 만든다. 직원들 하나하나가 전문가이고 이들이 모여 시스템을 구축하는 것이므로 사장이 자리를 비우더라도 회사가 돌아가는 데는 문제없다. 몇몇이 실수하거나 문제를 일으켜도 무너지지 않는다. 장사는 사장이 자리를 비우거나 직원 한두 명이 그만두면 금방 문제가 생기는 것과 대조적이다.

세계적인 자산가들 중에 시스템을 만들어 성공한 이들이 있다. 미국의 존 폴 디조리아는 헤어케어 브랜드 '존 폴 미첼 시스템'과 테킬라 제조업체 '패트론'의 설립자이다. 가난한 이민자 가정에서 태어난 그는 청소부, 보험설계사, 주유소 직원, 책 판매원 등의 직업을 전전했다. 아내가 어린 아들을 남겨두고 몇 개월치 집세와 자동차를 가지고 사라져버리자 20대 초반에 거리로 나앉아 노숙자 처지가 되기도 했다. 천신만고 끝에 지인의 소개로 헤어케어 기업 레드켄에 들어가 영업으로 뛰어난 성과를 거두었으나 갑작스럽게 해고되었다. 그야말로 악재의 연속이었다.

그러나 존은 좌절하지 않고 폴 미첼에게 연락했다. 폴 미첼은 비달 사순의 후계자로 꼽힐 만큼 명성이 자자한 인물이었다. 과거 국제미용대회에서 만나 친하게 지내온 두 사람은 힘을 합쳐 회사를 만들었다. 그것이 '존 폴 미첼 시스템'으로 샴푸와 컨디셔너를 하나로 합친 올인원 제품을 만들어 히트를 쳤다. 존이 창업 당시 가지고 있었던 돈은 700달러(약 80만 원)에 불과했으나 현재는 연매출 수조 원대의 글로벌 기업으로 성장했다. 존의 자산은 약 3조 5천억 원에 달한다.(2020년 〈포브스〉 발표)

존의 이야기는 배우 윌 스미스가 아들 제이든 스미스와 함께 출연한 영화 〈행복을 찾아서〉를 통해서도 잘 알려져 있다. 그가 사업 시스템을 만들지 않았다면 인생이 어떻게 바뀌었을지 모른다.

구글을 창업한 세르게이 브린은 러시아에서 태어나 여섯 살에 미국으로 이주했다. 그는 스탠퍼드대학교 박사과정을 밟던 중 래리 페이지와 의기투합해 구글을 창업했다. 그들이 창업한 곳은 친구의 집 차고였다. 자금이나 사무실 같은 조건을 따지기보다 좋은 아이디어가 떠올랐을 때 바로 결행한 것이다.

매년 〈포브스〉가 발표하는 전 세계 억만장자 순위에서도 사업가들이 압도적으로 많다(독재자와 왕족은 제외했다). 특히 창업자들이 상위에 오른다. 미국의 경제 매체 CNBC는 웰스엑스(글로벌 부호 자산관리 기업) 보고서를 인용해서 중국의 억만장자 94%가 자수성가형이라고 보도했다. 249명의 억만장자 중 재산을 물려받은 경우는 2%에 불과했다.(이슈분석, 〈전자신문〉, 2018. 6. 18.) 시스템을 만든 사람이 큰돈을 벌 수 있다는 것은 진리라고 해도 과언이 아니다.

위의 기업가도 처음에는 장사로 시작했다 차차 사업으로 넓혀갔다. 부모에게 큰돈을 물려받지 않는 한 자금이 넉넉지 않으므로 일단 장사부터 시작하는 게 현실적이다. 그러다 서서히 시스템을 갖춰가는 것이다. 회사는 대표인 그가 몇 달간 자리를 비워도 끄떡없이 돌아간다. 시스템 덕분에 회사의 수익도 안정적이다. 시스템이 규칙적으로 돌아가는 한 수익이 일순간에 폭락하는 일은 없다.

그 회사의 직원들 중에는 뛰어난 능력자들이 많다. 훌륭한 사장은 자신이 능력자가 되기보다는 능력자들을 직원으로 고용한다. 그리고 시스템을 잘 유지하려면 직원들 각자 제 역할을 할 수 있도록 권한을 보장해주어야 한다. 직원들을 믿지 못하고 관여하는 순간 회사는 성장을 멈추고 다시 장사로 돌아가게 된다.

성공은 버티는 자의 것이다

사업은 어떻게 하는 거냐는 나의 물음에 그는 3가지가 필요하다고 답했다. 첫째는 아이템, 둘째는 시스템, 셋째는 자본이다.

"불편함이 있다면 그게 바로 사업 아이템이다. 어떤 일을 하다가 불편함을 자꾸 느낀다면 우주에서 나에게 해보라고 연결해주는 것이다."

예비 창업자들과 사업가들은 성공적인 아이템을 찾는 데 골몰한다. 그런데 성공적인 아이템은 특별한 것이 아니라 일상생활에서 쉽게 찾을 수 있다. 내가 불편하고 남들도 불편하게 느끼는 것에 집중하라는 것이다. 예를 들어 왼손잡이인 사람이 대부분 오른손잡이용으로 만들어진 물건들을 사용하면서 불편을 느끼고 왼손잡이 호미와 칼, 가위를 생각해낸다. 사람들의 불편함에 집중하면 사업 아이템은 자연스럽게 탄생한다.

불편함을 느낀다는 것은 아무도 집중하지 않은 영역이라는 의미다. 관심을 갖고 들여다보는 사람이 없으니 문제점이 개선되지 않는 것이다. 사업 아이템은 바로 여기서 찾아야 한다. 모두 다 느끼지만 누구도 손대지 못한 영역. 아무도 시도하지 않은 길을 내가 가보는 것이다.

사업에 성공하고 싶다면 늘 참신한 아이템을 찾는 데 골몰해야 한다. 안 팔린다고, 경쟁사보다 뒤처진다고 안달복달할 필요 없다. 시장을 뛰어넘는 아이디어를 만들어낸다면 고객은 자연히 따라온다.

미국 디자인 컨설팅 그룹 아이디오(IDEO)는 사람들의 숨은 니즈를 관찰하고 디자인을 고안한다. 창업자 데이비드 켈리는 사업 초기에는 일반적인 기업들과 별 차이 없는 디자인을 했지만 나중에는 혁신적인 디자인을 만들어내기 시작했다. 그중 하나가 오랄비의 어린이용 칫솔 '그리퍼(Gripper)'이다.

어린이들은 칫솔 손잡이를 꽉 쥐고 이를 닦는다. 손 전체로 손잡이를 감싸고 잔뜩 힘을 주기에 방향 전환이 쉽지 않다. 아이디오는 이런 특징을 발견하고 몸통 부분을 더 굵게 디자인하고 엄지손가락이 닿는 부분에 돌기를 넣었다. 이렇게 만들자 아이들은 더 편안하게 양치할 수 있었다. 다른 회사들은 작고 예쁘고 깜찍한 디자인을 만드는 데 골몰하는 것과 달리 아이디오는 실제 소비자들이 제품을 사용하는 모습을 관찰하고 혁신적인 제품을 만든다. 아이디오가 디자인한 그리퍼 덕분에 오랄비는 당시 어린이용 칫솔 시장 점유율 1위를 차지했다.

그러면 시스템은 어떻게 만들어야 할까?

"시스템은 바로 사람이다. 사람을 뽑은 다음에는 철저히 믿어줘야 한다. 사업가의 믿음이 시스템을 단단하게 만든다."

나는 그의 말을 기억해두었다가 학원 운영에 적용했다. 구멍가게 같은 규모에 학원생도 아직 없는 상황에서 상담실장과 경리를 별도로 두었다. 주변 학원의 원장들이 코웃음을 쳤다.

원장인 나, 선생님, 상담실장, 경리까지 4명이 아무도 없는 학원에서 하루 종일 학생이 오길 기다렸다. 직원들은 쇼핑몰에서 옷을 샀다가 다음 날 되팔 정도로 심심해했다. 그래도 난 월급을 꼬박꼬박 챙겨주었다. 직원들에게 왜 일을 안 하냐고 따지지 않았다. 신뢰 관계를 형성하니 직원들도 학원을 생각하는 마음이 깊어졌다. 내가 자리를 비울 때도 학원은 차질 없이 운영되었다. 우리 학원은 3개월 만에 해당 프랜차이즈 학원 중에 전국 1위를 차지했다.

학원을 늘려가면서 초기에 학원생이 없을 때도 이 원칙을 그대로 적용했다. 직원들에게 업무를 맡기면 매번 확인하거나 따지지 않았다. 코로나 팬데믹 시기에도 마찬가지였다. 학원이 폐쇄되고 수업을 전혀 하지 못해도, 선생님들이 출근하지 않아도, 월급을 깎지 않았다. 학원을 다시 열었을 때 선생님들의 의욕은 과장을 조금 보태면 하늘을 찌를 것 같았다.

기업가가 마지막으로 강조한 것은 자본이다. 얼마나 저축했냐는 물음에 나는 "통장에 80만 원이 전부예요"라고 말하며 멋쩍게 웃었다.

장사든 사업이든 자본이 필요하다. 최소한의 자본은 확보해야 하므로 부지런히 돈을 모아야 한다. 사업자금 대출도 알아볼 필요가 있다. 여기까지는 당연한 상식이고, 하나 더 기억해야 하는 것이 있다. 바로 예비비다.

"창업자의 여유는 예비비에서 나온다. 일이 뜻대로 되지 않는 순간에도 예비비가 있으면 버틸 수 있다."

많은 예비 창업자들이 시스템을 만들기 위해 기본 비용을 준비한다. 시스템에는 앞서 언급한 사람(직원)이 있고, 공간도 있다. 예컨대 식당이라면 홀과 주방이 필요하다. 창업자들은 공간을 마련하기 위해 가게 계약금부터 인테리어, 시설비, 물품구입비 등을 준비하는데 하나를 빼먹는다. 바로 예비비다. 최소 6개월치 운영자금을 미리 준비해야 한다.

일은 잘될 수 있고 안 될 수도 있다. 식당을 창업했다면 처음 1개월은 '지인발'로 그럭저럭 유지되겠지만 2개월부터는 상황이 달라진다. 진짜 고객이 찾아주어야 수입이 발생한다. 처음 생긴 가게에 손님들이 찾아오기까지는 시간이 걸린다. 창업자들은 예상했던 것보다 손님이 빠르게 늘어나지 않아 당황한다. 손님이 없으니 직원 월급, 식자재 구입비, 월세와 각종 공과금을 낼 돈이 없다.

돈을 벌어서 가게 운영비로 쓰려고 마음먹었다가 낭패를 보는 것이다. 여유 자금이 있는 사람과 없는 사람은 얼굴 표정부터 다르다. 주머니의 돈이 고갈될수록 얼굴에 여유가 없고 목소리도 딱딱하다. 이런 가게를 찾아줄 너그러운 손님은 없다. 손님이 없을수록 기분과 태도는 더 나빠진다. 악순환의 반복이다.

이런 상황이 몇 개월간 지속되면 결국 가게 문을 닫을 수밖에 없다. 고객 입장에서는 "저기에 가게가 새로 생겼네" 하며 가보려고 할 때 문을 닫는 것이다. 길거리나 골목에서 개업한 지 몇 개월도 되지 않아 폐업하는 가게를 쉽게 발견할 수 있다. 모든 사정을 다 알 수는 없지만, 대부분 장사가 안 되게 마련인 시기를 버티지 못한 것이다.

예비 창업자들은 예비비를 확보하고 개업해야 한다. 유형적인 영역과 무형적인 영역이 합쳐져 시스템이 된다. 눈에 보이는 공간에는 신경 쓰면서 인건비와 재료비, 공과금 등 업장을 유지하는 데 드는 비용은 미처 생각하지 못한다. 인테리어와 시설을 그럴듯하게 갖추려고 자금을 투입하기보다는 초기 비용을 최소화하면서 예비비 확보에 주력하는 것이 훨씬 낫다. 6개월 정도 수입이 전혀 없을 각오를 하고 인건비까지 준비해야 한다.

나는 학원을 처음 시작할 때 6개월치 예비비를 준비했다. 자본이 넉넉지 않은 상황에서 모든 것을 갖출 수 없었기에 인테리어나 시설비는 최소화했다. 화려한 겉치레보다 중요한 것은 실력이므로 아이들을 잘 가르치는 방법을 연구하는 데 골몰했다.

6개월치 예비비를 준비하면서 결심했다. 반드시 6개월 안에 승부를 보겠노라고. 예비비 덕분에 풍요롭지는 않아도 조급하지는 않았다. 학원을 알리기 위해 아침부터 밤까지 발로 뛰고 거리에서 전단지를 숱하게 돌렸다. 원장이라고 폼 잡는 것은 내 사전에 없었다. 우리 학원을 찾아오는 아이들을 최선을 다해 가르쳤다. 아이가 한 명밖에 없다고 공간 관리에 소홀하지 않았다. 늘 산뜻하고 쾌적한 환경을 유지했다. 다행히 한 달 만에 수익을 냈고 예비비를 10원도 쓰지 않았다.

예비비는 단지 창업자에게만 중요한 것이 아니다. 사업을 오랫동안 운영하는 사업가들도 평상시에 일정 비율의 예비비를 준비한다. 신사업 아이템에 많은 비용이 투입되거나 천재지변 같은 사건으로 매출 손실이 발생할 때 예비비가 있으면 버틸 수 있다.

3가지 조건을 갖추고 사업을 시작하면 반드시 성공할 수 있을까? 그렇지 않다. 사업한다고 모두 성공한다면 우리 주변에 부자들만 있을 것이다. 그렇다면 어떤 사람이 성공이란 열매를 따먹는 것일까?

계속 버티는 사람들이다. 잘되는 것도 아니고 안 되는 것도 아닌 애매한 시간들을 견뎌내는 것이다. 큰 부를 이룬 사람들은 하루아침에 벼락부자가 된 것이 아니다. 수시로 눈앞에 날아오는 장애물을 치우고 거친 골짜기를 지나간다. 지금 가는 방향이 맞을까 하는 불안감, 아무 소득 없는 지리멸렬한 시간을 버텨내면서 한발 한발 올라간다. 이 모든 것을 견뎌낸 사람들이 결국 열매를 딴다.

잘 견디는 사람들은 주변인들과 자신을 비교하지 않는다. 그들보다 뒤처질까 걱정하지 않는다. 앞의 기업가는 이런 말을 했다. 아침마다 강아지와 산책하는데, 강아지는 항상 주인보다 먼저 달려갔다가 어느 지점에서 뒤돌아보고 다시 돌아온다는 것이다. 돌아왔다가 다시 앞서가고 또 돌아오기를 반복한다. 주인이 5킬로미터를 달릴 때 강아지는 7킬로미터를 달려서 목표에 함께 도달한다. '코스톨라니의 개' 이야기를 실제로 강아지를 산책시키며 겪은 것이다. 코스톨라니는 강아지가 앞서거니 뒤서거니 하면서 주인에게 돌아오는 것을 보고 주가가 기업 가치를 뛰어넘기도 하고 더 처지기도 하는 것과 비슷하다고 했다.

"어떤 사람은 쉽게 사업을 시작해서 앞으로 튀어 나갔다가 다시 뒤로 간다. 사업이 망해서 처음부터 다시 시작하기도 한다."

남들보다 앞서거나 뒤처지는 것은 중요하지 않다. 자신의 페이스를 유지하면서 목표에 도달하기만 하면 된다. 지금 당장 사업이 잘된다고 우쭐할 필요도, 경쟁업체가 저 멀리 앞서간다고 초조할 필요도 없다. 큰 손해를 볼지 모른다고 두려워할 이유도 없다. 자전거 타는 법을 배우는 것도 그렇지 않은가. 처음에는 제대로 타기가 힘들다. 어딘가에 부딪치거나 넘어져서 다리라도 부러지면 어쩌나 하는 두려움에 사로잡히면 자전거를 배울 수 없다.

사업에서 성공하려면 3가지 조건(아이템, 시스템, 자본)이 중요하다. 하지만 그보다 더 중요한 것은 반드시 성공하겠다는 자기 확신이다. 두려움과 불안감, 남들과 비교하는 마음을 가져서는 안 된다. "의심으로 괴로워하면 승리로 가는 길에 집중할 수 없다"는 미국 소설가 아서 골든의 말을 기억하자.

02

성공은 숫자다

목표는 반드시 숫자로 표시하라

"얼마를 벌고 싶은가?"

한 회장이 나에게 물었다. 당시 내 월급은 16만 원이었다. 많이 벌고 싶다는 생각은 했지만 구체적으로 얼마를 벌고 싶은지 생각하지 못했다. 잠시 망설이다 300만 원이라고 답했다. 당시 내가 만나던 기업 대표들 중에는 월 300만 원을 못 버는 사람들도 많았다. 꿈이라도 크게 가진 것처럼 보이고 싶어서 한 답변이었다.

"자네 회사에서 가장 많은 월급은 얼마인가?"라는 회장의 물음에 50만 원 정도 된다고 대답했다. 그러자 회장은 너털웃음을 터뜨리더니 말했다. "가장 많이 버는 사람보다 6배를 더 받겠다는 건가.

그러면 언제부터 언제까지 그 돈을 벌고 싶은가? 회사가 그 돈을 줘야 할 만큼 자네가 잘하는 것이 뭔가?"

폭풍 질문이 쏟아졌는데, 사실은 한 번도 생각해본 적 없는 것들이었다. 우물쭈물하자 회장이 일갈했다.

"목표가 있다면 정확한 숫자로 표현할 수 있어야 한다. 언제부터 언제까지, 얼마의 돈을, 어떤 방법으로 벌겠다고. 그런 것이 없으면 허망한 몽상에 지나지 않는다."

성공하려면 목표가 있어야 하고, 이 목표는 달성 시기와 방법 등 구체적인 수치로 나타낼 수 있어야 한다. 구체적인 목표는 내비게이션과 같다. 내비게이션은 도달하고자 하는 목적지뿐 아니라 그곳까지 가려면 시간이 얼마나 걸리는지, 중간에 어떤 곳을 들를지, 경유지에서는 시간이 얼마나 소요될지 등을 알려준다. 숫자로 표현할 수 있을 만큼 구체적이고 명확한 세부 계획이 뒷받침되었을 때 목표는 비로소 실현된다.

막연히 부자가 되고 싶은 것이 아니라 몇 년간 얼마의 돈을 모으겠다고 목표를 세워야 하며, 이 목표를 세분화하여 매주, 매월, 매년 중간 목표를 세우고 어떻게 달성할 것인지까지 계획해야 한다. 예를 들어 다이어트를 위해 아침 일찍 일어나는 것이 목표라고 하면 반드시 실패하게 마련이다. 몸무게가 현재 몇 킬로그램이고 감량 목표는 몇 킬로그램이며 하루 1시간 운동해서 일주일 또는 한 달에 몇 칼로리 소모하겠다는 식으로 구체적인 계획을 세워야 다이어트에 성공할 수 있다.

또 다른 회장은 내게 원하는 재산 액수를 종이에 적어보라고 했다. "5년 후 10억 원"이라고 적자 회장은 10억 원을 벌기 위해 매월 얼마를 벌어야 하는지 적으라고 했다. 5년이면 60개월, 10억 원을 60개월로 나누면 한 달에 1,600만 원을 벌어야 한다. 당시 연봉이 2천만 원도 안 되었으니 30년이 지나도 달성할 수 없는 금액이었다. 숫자로 적어보니 얼마나 허황되고 뜬구름 잡는 목표인지 알 수 있었다. 꿈만 꾸었을 뿐 구체적으로 행동해본 적이 없다는 사실도 깨달았다.

두 회장의 공통점이 있다. 매년 연말이면 그해 수입과 지출을 정리한다는 것이다. 회사는 말할 것도 없고 집에서도 얼마를 벌어들이고 얼마를 썼는지, 자산이 얼마나 늘어나고 줄었는지를 꼼꼼하게 기록한다. 자산 증감의 원인도 정확하게 파악하고 적는다.

두 사람처럼 내로라하는 부를 자랑하는 이들은 목표와 실현 계획, 과정을 구체적인 수치로 표현한다. 소프트뱅크 손정의 회장은 1981년 소프트뱅크를 창업했을 때 30년 후에 1조 엔의 매출을 올릴 거라고 장담했다. 당시 2명뿐인 직원들마저 외면했던 목표를 기한 내에 달성했을 뿐만 아니라 세계적인 투자의 귀재로 명성을 떨치고 있다. 현재 그의 자산은 454억 달러(약 53조 1,180억 원, 2021년 9월 〈포브스〉 발표)에 달한다. 재일 한국인 3세, 가난한 집안 출신으로 누구도 뒷받침해주지 않은 현실에서 뛰어난 아이디어와 뚜렷한 목표 의식, 집요하고 끈질긴 성실성을 바탕으로 일군 성공이었다. 30년 전 그가 '허무맹랑한 선언'을 하기 위해 밟고 올라섰던 귤 상자는 소프트뱅크 대회의실에 놓여 있다.

그는 19세에 50년 인생 계획을 세운 것으로 유명하다. 20대에 사업을 시작하고, 30대에 사업자금 1~2천억 엔을 모으고, 40대에 1~2조 엔 규모의 승부수를 걸며, 50대에 사업을 완성시키고, 60대에는 다음 세대에 사업을 물려주고 은퇴한다는 것이었다. 그는 자신의 계획을 충실히 실현했으며, 60대가 되어 은퇴 계획을 번복하고 여러 나라 회사에 투자하면서 여전히 왕성하게 활동하고 있다.

그는 기업경영과 관련된 요소들을 끊임없이 수집하고 이를 계량화하고 쪼개고 분석한다. 그는 '70% 투자 법칙'을 가지고 있다. 예상 성공률이 70% 시점일 때 추진한다는 것이다. 50% 확률 시점에는 승부를 걸지 않는다. 90% 확률 시점은 고수익을 올리기에 너무 늦다고 판단한다. 얼핏 과감한 승부수를 던지는 것처럼 보이지만 철저한 계산과 탄탄한 분석을 바탕으로 실행한다.(홍대순 이화여대 경영전문대학원 교수, 〈이코노미조선〉, 2016. 08. 29.) 손정의 회장을 보면 수치화된 목표와 실현 계획이 얼마나 중요한지 알 수 있다.

그렇다면 나는 왜 막연한 목표를 세웠을까? 나름 열심히 직장에 다니고 부지런히 돈을 모으는 성실한 사람이었는데 말이다. 목표란 무조건 클수록 좋다고 생각했기 때문이다. 어차피 달성하기 어려우므로 이왕이면 크게 세워야 어느 정도 달성할 수 있다고 생각했다. 10억 원을 목표로 하면 적어도 7~8억 원을 달성하겠지만 아예 8억 원을 목표로 하면 5억 원밖에 안 될 거라고 말이다.

꿈은 클수록 좋다는 것은 틀린 말이 아니다. 그러나 무작정 큰 목표부터 정하고 실현 계획은 세우지도 않은 채 부자가 될 거라고 생각해서는 안 된다. 실현 계획 없는 목표는 몽상과 다르지 않다.

나의 간절함 지수는 얼마인가?

"아무런 준비가 되어 있지 않다면 회사를 다니면서 세컨드 잡 (second job)을 가져보는 것도 좋다. 자신이 좋아하는 일로."

위의 회장이 창업은 자신 없다고 하는 나에게 해준 조언이었다. 하지만 나는 손재주도 없고 딱히 잘할 만한 것이 떠오르지 않았다. 굳이 꼽자면 뭐든지 칼같이 관리한다는 것 정도였다.

회장은 나에게 차량 대여 서비스를 추천했다. 나는 그의 조언대로 자동차를 한 대 사서 차량 대여 서비스 업체에 맡기고 매월 30만 원 가량의 돈을 벌었다. 110만 원에 구입한 중고차 한 대로 번 것치고는 상당한 금액이었다. 나중에는 대형으로 바꿔서 대여료로 월 50만 원을 벌었고 총 6대까지 늘려서 막연하게만 느껴졌던 월 300만 원의 목표 수입이 거의 맞춰졌다. 몇 년 동안 하다가 차량의 잦은 고장으로 그만두었지만 투입한 원금보다 더 많은 돈을 벌었다.

이때의 경험은 귀한 자산이 되었다. 목표가 있다면 실현 가능한 계획을 세워야 하고, 월급만으로 부족하다면 다른 일을 기꺼이 해야 한다. 내가 먹고 쓸 만큼의 돈 외에 수입이 더 있어야 돈을 모을 수 있다. 가외 수익을 얻기 위해 남들보다 더 많은 노력을 해야 한다. 오늘날 얼마나 많은 사람들이 불로소득을 기대하는가? 노력의 땀방울 없이 원하는 것을 얻을 수는 없다.

자금을 투자한다고 바로 이익을 내는 것이 아니다. 원금을 모두 상쇄하고 나서야 진짜 이익이 된다. 그때까지 버틸 수 있는 구조를 만드는 것이 관건이다. 나는 월급 외에 추가로 벌기 위한 세컨드 잡이었기에 당장 수익이 나지 않아도 버틸 수 있었다. 가진 돈을 탈탈 털어 모두 쏟아붓거나, 손실이 났다고 해서 금방 자금을 빼는 식으로 투자한다면 이익은 고사하고 원금을 건지기도 어렵다. 여윳돈으로 투자하라는 것은 최소한의 자기 생활이 담보되어야 한다는 뜻이다. 한 방을 노리기 위해 회사를 그만두고 주식이나 비트코인에 전 재산을 투자하는 것은 위험하다. 회사에 다니면서 고정적인 급여를 받아 생활비와 가까운 미래를 대비하기 위한 저축을 하고 남은 여윳돈으로 투자해야 한다. 여윳돈이 없다면 세컨드 잡으로 추가 수입을 얻을 방법을 생각해야 한다.

나는 기자를 그만두기 전까지 월급 외의 수익을 벌었다. 이후 학원 사업을 하면서 구체적인 수치로 목표를 설정했다. 경영 비전, 삶의 목표를 적어두고 매일 읽었다. 어느 순간부터는 길을 지나가면서 건물 층수를 세는 버릇이 생겼다. 저 건물에 학원을 차리면 잘될까, 저만 한 층수의 건물을 사려면 얼마나 필요할까? 매매가를 정확하게 알아보고 그걸 사려면 한 달에 얼마를 모아야 하는지, 어느 부분에서 지출을 줄여야 하는지를 구체적으로 계획했다. 이런 계획을 상의할 수 있는 자산가들과 끊임없이 만나면서 정보를 교환했다. 그들은 내 목표를 위해 진지하게 상의하고 조언해주었다.

"바퀴 없이 자동차가 달릴 수 있을까? 바퀴가 제대로 끼어 있어야 자동차가 신나게 달릴 수 있다. 자신의 문제점이 무엇인지 알아야 부자가 된다. 게으른 사람은 부자가 될 수 없다. 사람이 게을러지는 것은 수치화된 목표와 간절함이 없기 때문이다."

잘사는 것, 행복한 것은 목표가 될 수 없다. 3년 안에 1억 원 모으기, 5년 안에 27평짜리 아파트 마련, 1년 안에 부동산중개사 자격 취득, 구체적인 숫자로 표현할 수 있는 목표여야 한다. 신년사를 들어보면 백이면 백 모두 '열심히 일하겠습니다'라고 말한다. 구체적인 프로세스보다 화려한 결과에 치중한 말들을 늘어놓는다. 올해 비전은 무엇이고, 전략은 무엇으로 정했고, 무슨 일을 실행할 것인지 구체적인 프로세스를 말해야 한다. 과정에 집중해야 변수가 따르더라도 목표했던 성과에 근접할 수 있다.

숫자가 부리는 마법

학원 사업을 하고 나름 주위 사람들에게 인정받으면서 창업하고 싶어 하는 청년들을 많이 만났다. 그중 3년 안에 3억 원을 모으겠다는 호기로운 목표를 말했던 청년이 기억에 남는다. 나는 기업인들에게 들었던 말을 그에게 전해주었다.

그의 월급은 250만 원이었고, 생활비와 보험을 빼면 100만 원 정도 남는다고 했다. 3년 내에 3억 원을 모으려면 1개월에 800만 원 넘게 모아야 한다. 구체적인 방법을 묻자 그는 입을 다물었다. 사람은 모름지기 꿈이 크고 긍정적이어야 한다고 하지만 실현 방법이 없으면 아무리 꿈이 큰들 소용없다. 하늘에게 돈벼락이 떨어지기를 기대하는 것과 다를 바 없다.

나는 그에게 종이를 주면서 수입과 구체적인 지출 내역을 적어보라고 했다. 자세히 살펴보니 친목 도모비만 40만 원 넘게 쓰고 있었다. 친구들을 만나는 시간이 적지 않았다. 회사에서 일하고 잠자는 시간 외에 모든 시간을 친구들과 술 마시고 노는 데 썼다. 이런 만남부터 조정하면 40만 원을 추가로 저축할 수 있다. 친구들을 만나는 시간이 줄어드는 만큼 세컨드 잡에 투자할 것을 권했다. 다행히 정시 퇴근이 가능한 회사였다.

그는 집 근처 물류센터에서 저녁 7시부터 자정까지 일하고 월 100만 원을 더 벌었다. 처음에는 그렇게까지 해야 하냐고 코웃음을 쳤지만 월 100만 원의 가외 수입을 벌기는 결코 쉽지 않다. 현금 수십억 원을 은행에 넣어야 매월 이자로 100만 원을 받을까 말까 한다. 절대 적은 돈이 아니다.

그는 140만 원의 추가금을 합해 총 240만 원을 저축할 수 있게 되었다. 20대 청년이 생활비를 모두 충당하고도 240만 원을 저축한다는 것은 대단한 일이다. 1년에 2,880만 원을 저축할 수 있는 구체적인 방안이 나오자 그는 4년 후 자기 사업을 하겠다는 목표를 세웠다. 정확히 4년 후 그는 자기 사업을 시작해 열심히 뛰고 있다.

주력 메뉴를 추어탕으로 정하고 요식업을 하겠다는 청년도 있었다. 추어탕집을 얼마나 다녀보았냐고 했더니 추어탕 맛이 거기서 거기 아니냐는 듯이 말하는 것이었다. 나는 식당 창업을 하기 전에 전국의 추어탕집 100곳을 다녀보라고 조언했다.

상호, 주소, 전화번호, 대표자 이름과 나이, 가게 크기, 테이블 개수, 테이블 기본 세팅 상태, 그릇 종류, 종업원 수, 메뉴 수, 가격 등 50여 가지 항목으로 구성된 목록을 주고 100곳을 다니면서 모두 채워오라고 했다. 그래야만 창업할 수 있다고 말이다.

예비 창업자들에게 시장조사는 필수이다. 유명한 맛집을 찾아가 음식을 먹어보고 인테리어가 어떤지 눈으로 훑는 것만으로는 안 된다. 느낌이 아닌 숫자로 정보를 기록해야 한다. 예를 들어 '기본 세팅이 괜찮네'가 아니라 '김치, 멸치, 깍두기로 세 접시'라고 기록한다. 가장 위험한 경우가 주변 사람들에게 손맛이 좋으니 음식 장사 한번 해보라는 권유를 받았다는 것이다. 지인들은 한 번 오고 말 사람들이다. 식당 앞을 오가는 유동 인구와 주변 거주자들을 사로잡아야 한다. 그저 먹을 만한 정도로 사람들을 끌어들일 수 없다. 정확한 시장 분석에 입각해 경쟁력을 갖추어야 한다.

큰돈을 벌고 싶고 부자가 되고 싶은가? 구체적인 목표를 기록해야 한다. 숫자로 기록할 수 없는 목표를 달성할 가능성은 극히 낮다. 특히 사업하는 사람들은 분기별 목표와 수익, 연간 목표와 수익 등을 꼼꼼히 기록하는 것이 중요하다. 구체적인 영업 목표가 없다면 어디에 기준을 두고 일해야 할지 알 수 없다. 수치화된 목표와 구체적인 실현 방안이 있다면 설령 변수들로 인해 목표를 달성하지 못했더라도 다음 해, 그다음 해에는 달성할 수 있다. 목표는 1년, 3년, 5년, 10년 순으로 먼저 세운 다음 1개월, 일주일, 하루 목표로 구체화해나가야 한다.

목표를 기록하면서 함께 적어야 할 것이 있다. 극복해야 할 장애물 목록이다. 나에 대해서는 누구보다 나 자신이 잘 알고 있다. 예를 들어 1년 동안 2천만 원을 모으겠다는 목표를 세우고 홈쇼핑을 자주 이용한다면 이 사람에게는 홈쇼핑이 장애물이다. 매일 1시간씩 운동하겠다는 목표를 가진 사람이 담배를 많이 피우거나 술을 많이 마신다면 담배와 술이 장애물이다. 이렇게 극복해야 할 장애물을 꼼꼼하게 적은 다음 가장 큰 것부터 해결 방법을 찾는다.

돈에 관련된 장애물을 해결하기가 가장 쉽다. 가령 돈을 모으는데 월세가 장애가 된다면 좀 더 저렴한 지역으로 이사하는 방안을 고려할 수 있다. 평수를 줄여서 월세를 줄이는 방법도 있다. 매월 30만 원, 50만 원을 우습게 여겨서는 안 된다. 이 정도 돈은 쓰고 살아도 된다고 호기를 부려서도 안 된다. 진짜 부자들은 푼돈부터 소중히 여긴다. 적은 돈부터 아끼고 절약할수록 3년 후, 5년 후에는 내 옆자리 동료보다 더 큰 부자가 되어 있을 것이다.

03

차별화를 돈으로 환산하라

사업, 하나밖에 없는 자리를 차지하는 것

"남들 따라 가게 차리고 회사 만들어서 다 성공할 수 있다면 누군들 부자가 못 되겠는가?"

한 기업인이 조카 때문에 골머리를 앓고 있었다. 대학교를 갓 졸업한 조카가 사업을 하겠다고 부모를 졸라대는 모양이었다. 하나뿐인 자식이 해보겠다고 하니 부모는 도와줘야겠다고 마음먹었다. 문제는 부모 둘 다 사업 경험이 전무하다는 것이었다. 아버지는 고민을 거듭하다 그에게 자문을 청한 것이었다.

그는 조카에게 어떤 사업 아이템을 구상 중인지 물었다. 커피를 좋아하는 조카는 카페를 차리고 싶다고 했다. 유동 인구가 많은 곳에 카페를 열어 맛있는 커피를 저렴한 가격에 팔겠다는 전략이었다. 인테리어만 예뻐도 사람들이 모여든다는 것이었다. 자금은 부모님이 도와주신다고 했고, 커피 만드는 법은 금방 배운다며 자신만만했다. 카페에서 일한 경력은 군대 가기 전 6개월이 전부였다.

카페를 운영하겠다면서 현장 경험이 얄팍하고, 자금을 100% 부모에게 의존한다는 것도 문제였다. 무엇보다 시장 분석에 의한 남다른 차별점을 개발하지 않았다. 뭔가를 해보겠다면 현장에서 수년간 일해봐야 한다. 접시 닦고 청소하고 쓰레기통을 비우는 일부터 차근차근 쌓아야 하고, 목청 높여 불만을 항의하는 고객들도 상대해봐야 한다.

"현장 경험이 많을수록 아이디어가 떠오른다. 그런 아이디어에 사람들은 열광한다. 평소 느끼고 있었던 것이기 때문이다."

그는 사업을 하려면 아이디어를 발견하는 능력이 중요하다고 한다. 사업을 하면 반드시 소기의 성과를 거둬야 한다. 그래야 나는 물론 직원들도 먹고살 수 있다. 시장에 똑같은 제품이 범람하는 시대에 남들이 가는 길을 그대로 따라간다고 성과를 거둘 수 있을까? 차별화된 아이디어 없이 사업하겠다는 것은 무기 없이 전쟁터에 나가는 것과 같다.

아무런 준비 없이 강행하면 나중에 훨씬 더 많은 비용을 치러야 한다. 아까운 시간, 돈, 노력을 허비하는 것이다. 몸과 정신이 상하는 것은 물론이다. 처음에 힘들더라도 아이디어를 떠올리고 그에 맞는 실행 전략부터 세워야 한다.

그는 사업이란 의자 하나를 가져다 놓고 '둥글게 둥글게'라는 동요를 부르면서 주위를 도는 놀이와 같다고 한다. 1등의 자리는 하나밖에 없고 그것을 차지하려면 남다른 전략이 필요하다. 설령 자리에 앉았더라도 그 자리를 계속 유지하기는 쉽지 않다.

"시장에 내놓을 아이디어는 독창적이어야 한다. 수많은 제품들 중에 굳이 내 제품을 사야 하는 이유를 소비자들에게 말할 수 있어야 한다."

결국 조카는 부모의 퇴직금으로 카페를 창업했으나 장사가 잘되지 않았다. 그는 특별할 것 없는 커피 메뉴와 맛이 문제라고 조언했으나 조카는 오히려 색다른 인테리어로 바꿔봐야겠다며 부모의 노후자금 일부를 더 끌어다 투자했다고 한다.

흔해빠진 것들 속에 숨어 있는 돈

창의적인 아이디어는 사업가와 예비 창업자 모두에게 매우 중요한 요소이다. 어떻게 하면 이런 아이디어를 낼 수 있을까? 공전의 히트를 기록한 대박 아이템을 살펴보면 차별화된 아이디어가 사실상 그리 거창한 것이 아님을 알 수 있다.

1936년 미국 샌프란시스코에 거주하는 평범한 직장인 조셉 프리드먼은 어린 딸이 밀크셰이크를 빨대로 먹기 힘들어하는 모습을 보고 안타까움을 느꼈다. 뻣뻣한 재질의 종이 빨대를 관찰하던 프리드먼은 빨대의 일부분이 구부러지면 사용하기 더 편하겠다는 생각을 했다. 그는 고민 끝에 입이 닿는 지점에서 조금 아래가 부드럽게 구부러지는 주름빨대를 개발했다. 1937년 '드링킹 튜브(Drinking Tube)'라는 이름으로 특허를 출원했고, 주름빨대는 어린아이들뿐 아니라 병원에서 폭발적인 반응을 얻었다. 누워 있는 환자들이 주름빨대로 음료를 마시기가 쉬웠던 것이다. 아이의 작은 불편함을 놓치지 않은 아버지가 만들어낸 작은 기적이었다.

2015년 개봉된 〈조이(Joy)〉는 미국 최대 홈쇼핑 채널 HSNi의 여성 최고경영자(CEO) 조이 망가노의 실화를 바탕으로 만들어진 영화이다. 이 영화의 장르는 코미디 드라마이지만 그녀의 삶은 결코 녹록지 않았다.

조이는 남편과 이혼하고 홀로 아이 셋을 키우는 싱글맘이었다. 세 아이, 이혼한 전 남편, 할머니까지 함께 살았고 레스토랑에서 일하며 생계를 책임져야 했다. 그녀는 집이나 식당에서 청소할 때마다 좀 더 편리한 도구가 있으면 좋겠다고 생각했고, 아버지의 정비소에서 자신의 아이디어를 실제로 구현해냈다. 기존의 걸레처럼 손으로 물기를 쥐어짜지 않고 대걸레의 대를 회전시켜 물기를 짜는 회전형 걸레를 만들어낸 것이다. 그는 이 제품에 미라클 맙(Miracle Mop)이라는 이름을 붙였다.

처음에는 대출을 받아 소량의 제품을 만들다가 좀 더 많이 판매하기 위해 홈쇼핑 방송사를 찾아갔다. 부푼 꿈을 안고 첫 방송을 했는데 단 하나도 팔지 못했다. 다음 방송에서 그는 직접 출연해 자신의 경험담을 풀어내며 걸레의 기능을 상세히 설명했다. 그러자 주문 전화가 쏟아져 들어왔다. 걸레를 사용해본 사람들이 너무 만족스럽다는 입소문이 퍼지면서 주문량이 폭발적으로 증가했다.

조이 망가노가 발명한 건 미라클 맙만이 아니다. 옷이 흘러내리지 않는 옷걸이 허거블 행거(Huggable Hanger)를 포함해 그가 만든 대박 아이템이 많다. 모두 일상생활에서 느꼈던 불편함에서 착안한 아이디어였다. 먹고살기 위해 아침부터 밤까지 고된 시간을 견뎌야 했던 그는 이제 홈쇼핑 CEO이자 어마어마한 부를 소유한 자산가가 되었다.

"아이디어는 로켓 우주선처럼 거창한 것이 아니다. 어떤 사람이든 공감할 수 있는 것이면 된다."

조이 망가노의 말처럼 사람들의 마음을 사로잡는 아이디어는 특별한 게 아니다. 일상에서 늘 접하는 흔해빠진 물품, 음식, 공간 등을 관찰하거나, 작은 불편을 파고드는 것만으로도 얼마든지 새로운 아이디어를 떠올릴 수 있다. 독특해 보이는 아이디어들은 사실상 익숙함에 새로움을 덧입힌 것이다. 이 새로움이란 불편함을 해소하는 기능이거나, 소비자들의 니즈를 한층 강화한 형태이다. 한번도 들도 보도 못한 낯선 것이 아니다. 내 인생을 바꾸고 사업의 성공을 이끌어내는 아이디어는 생각보다 아주 가까운 곳에 있다.

브랜드의 가치는 색다른 것보다 나다운 것

세계 음료시장에서 선두를 달리는 코카콜라는 한때 불안감에 시달렸던 적이 있다. 펩시가 색다른 이벤트를 통해 소비자들의 관심을 사로잡았기 때문이다. '펩시 챌린지'라는 이벤트는 펩시와 코카콜라를 각각 컵에 담아 진열해두고 소비자들의 눈을 가리고 마셔보게 한 다음 둘 중 더 맛있는 콜라를 고르는 것이었다. 이 이벤트에서 소비자들이 펩시를 더 많이 선택하자 코카콜라는 이전의 인기에 안주하지 말고 변화해야 한다는 압박을 느끼게 되었다.

코카콜라 경영진은 1892년 창립된 이래로 근 100년 가까운 시간 동안 한 번도 없었던 결정을 내렸다. 신제품을 만들기로 한 것이다. 무려 400만 달러의 거금을 들여 2년간 프로젝트를 진행해 뉴코크가 탄생했다. 1985년 20만 명을 대상으로 블라인드 테스트를 거친 뉴코크가 출시되었다. 경영진은 뉴코크가 시장을 휘어잡을 거라고 확신했다.

하지만 결과는 정반대였다. 소비자들의 손은 뉴코크로 향하기는커녕 기존의 코카콜라로 향했다. 다른 주에 있는 코카콜라를 사러 가는 사람들, 예전의 코카콜라를 더 이상 맛볼 수 없어서 슬프다는 사람들까지, 수많은 이들이 코카콜라를 본래대로 돌려놓으라고 항의했다. 회사는 부랴부랴 '코카콜라 클래식'이란 이름으로 예전 콜라를 다시 내놓았다. 코카콜라는 지금까지 탄탄한 고객층을 확보하고 대체 불가능한 상품으로 자리매김하고 있다. 뉴코크의 실패는 아무리 소비자들을 상대로 시장조사를 하더라도 사람들의 진짜 욕구를 알아내기는 어렵다는 사실을 알려주었다.

1991년 맥도날드는 신제품 맥린 디럭스를 출시했다. 일반 햄버거보다 지방 성분을 91%나 줄인 획기적인 제품이었다. 맥도날드는 소비자 조사를 통해 저지방 소고기에 대한 니즈가 있다고 판단했다. 이 니즈를 충족하기 위해 패티의 90%를 고기, 10%를 미역에서 추출한 카라기닌과 물로 만들었다. 경영진은 제품의 성공을 확신하며 큰돈을 들여 마케팅을 실시했다. 과연 맥린 디럭스는 기대에 부응해 소비자들의 입맛을 사로잡았을까?

맥린 디럭스는 실패한 제품이 되었다. 소비자들은 기존 햄버거보다 맛이 떨어지고 가격이 비싼 이 햄버거에 점수를 주지 않았다. 만드는 데 시간이 많이 걸린다는 것도 비호감 요인 중 하나였다. 맥린 디럭스는 5년간 적자만 낳다 시장에서 철수하고 말았다.

1996년 맥도날드는 아치 디럭스를 출시했다. 이 제품 역시 맥린 디럭스와 마찬가지로 고급화 전략으로 탄생한 제품이었다. 경영진은 광고비로만 1억 달러가 넘는 비용을 쏟아부으며 제품을 홍보했으나 소비자들의 사랑을 받지 못했다. 아치 디럭스는 맥린 디럭스와 함께 맥도날드 흑역사의 한 페이지를 장식했다.

맥도날드는 왜 이런 실패를 하게 되었을까? 여러 가지 요인이 있겠지만, 가장 큰 문제는 소비자들이 맥도날드를 어떤 브랜드로 인식하고 있는지를 놓쳤기 때문이다. 사람들은 맥도날드를 패스트푸드라고 생각한다. 빨리, 편하게, 저렴한 가격으로 먹는 것이다. 아이들이 학교를 마치고 친구들과 어울려 부담 없이 식사 대용으로 즐기는 음식이다. 맥도날드 경영진은 이 점을 간과했다.

참신한 아이디어를 바탕으로 한 신제품이라고 해서 무조건 시장에서 승리를 거두는 것은 아니다. 소비자들이 제품에 대해 어떤 감정을 느끼고 있는지, 어떤 니즈를 충족하고 있는지를 살펴야 한다. 제품에 대한 소비자들의 감정, 니즈, 욕망, 경험, 추억, 이 모든 것들이 뭉쳐서 핵심 가치가 된다. 브랜드의 핵심 가치를 놓친 신제품이 고객의 외면을 받는 것은 당연하다.

하루에 15%는 딴생각에 쏟아라

경력이 쌓이고 성공을 거둘수록 자기 생각에 갇힌다. 늘 생각하던 대로 생각하고, 믿고 싶은 대로 믿는다. 심지어 소비자들의 취향과 속내를 꿰뚫고 있다고 착각한다. 이런 고정관념에 얽매일 때 소비자들의 가슴을 꿰뚫고 시장을 뒤흔들 아이디어는 은하계 저 멀리로 사라져버린다.

많은 기업들이 고정관념을 뛰어넘어 저 너머의 세상을 보기 위해 노력하고 있다. 일상적 업무에 매몰되다 보면 참신한 아이디어를 떠올릴 수 없으니 미팅이나 온라인 게시판을 통해 아이디어를 공유할 수 있는 장을 만든다.

IBM은 이노베이션 잼(Innovation Jam)이라는 온라인 토론장을 운영한다. 직원들, 고객들, 협력사 등이 모여 특정 주제를 논의하고 발전시킨다. 참여 인원이 적게는 수백, 많게는 수십만 명에 달한다. IBM은 이노베이션 잼을 통해 혁신의 발판을 만들었다. 여기서 나온 아이디어를 실행해서 사업성이 개선되고 매출이 향상되었다.

3M에는 15% 룰(Rule)이 있다. 직원들이 업무 시간의 15%를 아이디어를 떠올리고 실현하는 데 사용해도 좋다는 규칙이다. 아이디어를 개발하기 위해 상급자의 승인을 받을 필요 없고, 원하는 동료들과 함께 일할 수도 있다. 프로젝트가 실패해도 회사는 아무 책임을 묻지 않고 당사자가 포기하지 않는 한 예산도 계속 지원해준다. 3M은 15% 룰을 통해 10% 원칙과 30% 원칙을 지켜나가고 있다. 10% 원칙은 최근 1년 내 개발한 신제품으로 매출의 10%를 달성하겠다는 것이고, 30% 원칙은 최근 4년 내 개발한 신제품으로 매출의 30%를 달성하겠다는 것이다.

이러한 정책이 있었기에 3M은 조직이 정체되지 않고 끊임없이 혁신한다. '우리가 가지고 있는 과학을 활용해 여러분의 더 나은 삶을 만들기 위해 노력한다'는 기업정신이 허언이 되지 않도록 구조적으로 뒷받침하는 것이다.

내가 알고 있는 상식, 늘 보던 풍경이 아닌 그 밖의 세상을 보기 위한 노력은 모든 회사에 필요하다. 막대한 연구비와 시간을 들여야 소비자에게 꼭 필요한 아이디어가 만들어지는 것은 아니다. 혁신을 위해 항상 꾸준히 노력하는 것이 더 중요하다. 매일의 작은 노력이 누적되다 보면 세상이 깜짝 놀랄 만한 아이디어가 만들어진다. 손가락 마디만 한 눈송이가 뭉쳐서 눈덩이가 되는 것처럼. 아이디어를 발상하고 키워서 신성장 동력으로 삼는 회사가 치열한 경쟁에서 승기를 잡는다.

04

마케팅의 흐름 속에 돈이 보인다

사람의 감정과 욕망을 겨냥하기

오랫동안 전자제품 판매하는 일을 해오던 사람이 있었다. 그곳에 만 파는 제품이 아닌데도 높은 성과를 올리는 비결이 무엇인지 물 었다. 혹시 남들보다 저렴한 가격에 파는 것은 아닐까? 하지만 그 는 가격을 깎아주는 판매는 지양해야 한다고 말한다. 그러면 고객 은 더 깎을걸 그랬다고 생각하거나 제품에 하자가 있는지도 모른 다고 의구심을 품는다는 것이었다. 그렇다면 그의 판매 노하우는 무엇일까?

"제품의 품질을 정확하게 알리고 제 가격을 받되 고객이 좋아할 만한 다른 서비스를 제공해야 한다."

근거 없는 가격 할인은 상품의 품질이 떨어지는 것이 아닌가 하는 추측을 낳는다. 그래서 제품의 성능과 가치를 객관적 데이터에 입각하여 설명하면서 제 가격에 판매해야 한다. 이 제품을 사용하면 완전히 반할 것이다, 가격이 비싸 보여도 제값을 충분히 하는 제품이다, 써보면 마음에 들어 하나 더 구입할 것이다, 이런 흐름으로 자신 있게 제품을 어필해야 한다. 영업사원이 확신을 가지지 못하는 제품을 고객이 구매할 리 없다.

가격을 깎아주는 것을 옵션으로 두지 말고 고객이 좋아할 만한 다른 서비스를 제공한다. 예를 들어 저렴한 가격에 유용한 기능을 가진 다른 제품을 서비스로 제공해 고객을 만족시키는 것이다. 이런 서비스는 고객의 호감을 사면서 향후 해당 제품에 대한 추가 구매를 꾀할 수 있다.

그 제품이 썩 좋지 않다고 말하는 사람도 있지 않을까? 그럴 때는 일단 긍정해준다. 사람들은 자기 생각과 반대되는 말을 들으면 방어적인 태도를 취하기 때문이다. 객관적 증거를 제시해도 받아들이지 않는다. 제대로 설명하기도 전에 장벽에 부딪히기 십상이다.

그래서 일단 공감하고 나서 어떤 이유로 불편을 겪었는지 듣고 문제를 해결해주어야 한다. 사용법 때문인지, 불량품이었는지 등

원인별로 충분히 설명해준다. 그는 'Yes, But' 화법을 썼다고 한다. 먼저 이 제품이 너무 좋고 이보다 더 좋은 제품이 없다는 확신을 가지고 제품을 설명한다. 그런 다음 고객(혹은 주변 사람)이 가격이 비싸다거나 상품에 하자가 있다는 이의를 제기하면 일단 맞장구를 친 다음 해법을 제시한다. 주의할 점은 어떤 경우에도 당황하거나 불쾌한 기색을 드러내서는 안 된다는 것이다.

"무엇보다 감정이 중요하다. 영업사원이 평정을 잃는 순간 고객은 그 빈틈을 놓치지 않기 때문이다."

영업하다 보면 뜻하지 않은 질문, 예상치 못했던 훼방꾼과 같은 돌발변수를 얼마든지 만날 수 있다. 모든 상황이 원하는 대로 흘러가지는 않는다. 그렇기에 감정에 주의해야 한다. 감정이 불안정해지고 자신감을 잃어버리면 고객은 금방 알아챈다. 평정심을 잃은 영업사원은 고객의 신뢰를 얻기 어렵다.

건설업계에서 잔뼈가 굵은 기업가 역시 사업은 논리가 아니라 감정으로 움직인다고 말한다. 그는 협력사와 회의하는 자리에서 꼭 따뜻한 차를 제공했다. 참석자들이 자리를 채우면 한 사람 한 사람에게 물어보고 취향에 맞는 차를 준비해 가져다주는 것이다. 음료수를 미리 준비해놓으면 훨씬 편하지 않겠냐고 하자 그는 이렇게 답했다.

"냉랭한 음료를 마시면서 좋은 의견이 나오겠는가. 마음으로 사업해야 한다. 일도 인생도 감정으로 움직인다."

제품 구매, 계약 성사 등은 이성적인 영역으로 보이기 쉽지만 그렇지 않다. 품질이나 가격 외에 고객이 구매를 결정하는 요인은 생각보다 많다. 옷장에 입을 옷이 그득한데도 싫증 나서, 매일 같은 옷을 입고 나갈 수 없어서, 기분 전환을 위해서 등 여러 가지 감정적인 이유로 새 옷을 산다. 같은 기능의 제품을 이미 보유하고 있는데도 훨씬 친환경적이라는 이유로 새 제품을 사기도 한다. 환경을 생각한다면 아예 구매하지 않는 게 더 나은데도 '환경보호', '친환경', '동물사랑' 등의 표식을 보고 사야겠다고 결정한다. 먼저 구매를 결정하고 이 제품이 반드시 필요하다는 논리적인 이유를 나중에 생각해낸다.

기업은 사람의 의사 결정에 감정이 개입된다는 사실을 놓쳐서는 안 된다. 하버드대학교 제럴드 잘트만 교수는 《고객은 어떻게 생각할까 : 시장에 대한 필수적인 통찰력(How Customers Think : Essential Insights into the Market of the Market)》에서 소비자는 무의식적인 충동에 이끌리며 가장 큰 영향을 미치는 것은 감정이라고 말했다. 결정적인 순간 소비자가 이성으로 판단하는 것은 5%에 불과하고 95%는 감정으로 결정된다.

계약도 마찬가지다. 여러 곳의 경쟁업체 가운데 기업의 기술력과 자본력, 입찰가 외에도 감정적인 요소가 최종 계약에 영향을 미친다. 공감과 호감을 이끌어내는 상대방에게 높은 점수를 주고 그의 손을 잡는다.

큰 부를 이룬 사업가들일수록 인간의 감정과 욕망에 주목한다. 눈앞에 있는 사람의 마음을 인정하고 존중하는 태도를 기본으로 장착한다. 협상이 끝나고도 서로 만족하며 다음에 또 만나고 싶은 마음이 든다. 좋은 기억은 또 다른 계약을 성사시키는 발판이 된다.

영업은 설득력이 아니다

영업력이 뛰어나다고 인정받는 한 사업가는 젊은 시절 무일푼으로 고향을 떠나 서울에 올라와 신혼인 이모네 집 단칸방에 얹혀살았다고 한다. 저녁이면 집에 들어가기 눈치가 보여 밖에서 시간을 보내다 느지막하게 들어가곤 했다는 것이다.

그가 처음 한 일은 가정집이나 회사를 찾아다니며 전집을 판매하는 외판업이었다. 처음 3개월은 책을 한 질도 팔지 못했다. 이대로는 안 되겠다는 생각에 전국 1위 영업 고수를 무작정 찾아갔다. 무슨 수를 써서라도 돈을 벌어서 이모네 집을 나오고 싶었던 그는 절박했다. 비법을 전수받기 위해 영업 고수에게 딱 하루만 자신을 데리고 다녀달라고 사정했다.

영업 고수는 낡아서 너덜너덜해진 전화번호부를 들고 다녔다. 그는 고객들을 관리하러 다니는 동안 짬이 날 때마다 공중전화 부스로 향했다. 휴대폰이 없던 시절이었다. 사람들이 줄 서지 않은 한가한 공중전화 부스를 발견하면 반드시 들어갔다. 어디에 자꾸 전화하느냐고 물으니 전화번호부 차례대로 무작정 전화한다는 것이었다.

영업 고수는 새로운 고객을 확보하기 위해 전혀 알지 못하는 이들에게 전화를 걸었다. 금일 방문할 지역의 전화번호부를 보고 집집마다 전화를 걸어 약속을 잡았다. 하루 목표량은 100곳이었다. 아이들이 많이 살고 있는 주택가에 가면 더 열심히 전화했다.

100곳에 전화를 걸면 한 곳은 승낙한다고 한다. 100분의 1 확률이라니 너무 희박하지 않냐는 말에 영업 고수는 정색하며 말했다.

"아무것도 하지 않고 가만히 있으면 0%이지만 전화를 걸면 1%의 확률이 생기는 거예요. 무에서 유를 만드는 건데 굉장하지 않나요."

1%의 가능성에 희망을 걸고 열정을 불사르는 영업 고수의 모습에 그는 깊은 인상을 받았다. 그가 영업 고수를 따라다니면서 배운 것

은 더 있었다. 최초 방문 약속을 받아내는 말의 기술이었다. 첫 번째는 상대에게 너무 큰 부담을 주지 않는 것이었다. "마침 제가 그쪽에 갈 일이 있어서요"라는 말이 단골 멘트였다. 만난 자리에서도 고객들의 부담을 낮추려고 노력했다. "지금 바로 구입하실 필요 없습니다. 충분히 살펴보신 후에 연락해주세요. 고객님을 또 뵐 수 있어서 저는 더 좋습니다." 이런 말들로 고객의 호감을 사는 것이다.

두 번째는 고객을 위한 대화 주제를 준비하는 것이다. "책을 빨리 읽는 법에 대해 궁금하신가요?", "역사를 재미있게 배우는 법을 알려드릴게요", "아이들이 고전을 읽는 게 왜 중요한지 아세요?" 등 고객들이 필요로 하는 정보와 관련된 질문을 던져서 고객들이 먼저 만남을 청하도록 유도했다. 고객을 만난 자리에서도 제품 설명보다 고객의 호기심과 궁금증을 해결하는 데 더 무게를 두었다. 제품에 대해서는 마지막에 슬쩍 덧붙이기만 했다. 고객들은 마치 독서 토론을 하는 것 같다, 몰랐던 걸 배워서 좋았다는 만족감을 표시했다.

영업 고수에게 배운 사람을 향한 진정성, 1%의 가능성도 소중히 하는 열정, 말의 기술에 자신의 경험을 덧붙여서 그는 점차 성과를 냈다. 나중에 자기 사업을 시작했고 해외에서 호텔 경영자로 성장하게 되었다.

"고객을 설득하고 싶다면 설득을 포기해야 한다. 고객의 마음을 들여다보고 욕구를 채워주면 그다음에는 내가 원하는 것이 이뤄진다."

영업이나 마케팅에서 현란한 기술은 중요하지 않다. 고객들이 원하는 것을 경청하고 그것을 이뤄주는 것만으로 충분하다. 내 시간과 노력을 기꺼이 투자하여 그들의 기분과 욕망을 채워주어야 한다. 고객들이 간절히 원하는 것을 들어주고 불편을 줄여주고 그들이 기뻐할 만한 일을 하면 된다. 그렇게 하면 성과는 자연스럽게 따라올 것이다.

소비와 구매의 상대성 원리

고객을 상대로 한 협상에서 가장 만족스러운 결과는 양쪽 모두 서로가 원하는 바를 얻는 것이다. 그러기 위해서는 상대가 무엇을 원하는지 정확하게 파악하고, 내가 원하는 금액을 정해두어야 한다. 이런 기준이 없다면 자칫 상대에게 끌려 다닐 가능성이 높다.

앵커링 효과(Anchoring Effect)라는 것이 있다. 앵커(Anchor)란 배를 정박시킬 때 떠내려가지 못하도록 고정하는 닻을 말한다. 앵커링 효과란 배를 고정시키기 위해 닻을 내리듯 특정한 기준점을 제시해 사람의 머릿속에 박히게 해서 생각이나 판단의 범위를 제한하는 심리 효과이다. 처음에 인상적이었던 숫자나 사물이 기준점이 돼서 마치 배가 떠내려가지 않고 고정된 것처럼 생각에 제한 혹은 왜곡을 가하는 것이다.

행동경제학의 창시자 대니얼 카너만과 심리학자 아모스 트버스키는 숫자판 실험을 통해 앵커링 효과를 입증했다. 실험에 참가한 이들에게 1~100까지 표기된 룰렛을 돌리게 한 다음 유엔에 가입한 국가들 중 아프리카 국가가 차지하는 비율을 물었다. 사람들은 룰렛의 숫자판을 근거로 대답했다. 숫자 20이 나온다면 40% 미만의 수치를, 70이 나온다면 그 이상의 숫자를 말했다. 룰렛의 숫자는 유엔 가입 아프리카 국가 숫자와 아무 상관이 없는데도, 사람들은 눈에 보이는 숫자에 영향을 받아서 판단을 내린 것이다.

앵커링 효과는 우리의 일상 곳곳에서 발견할 수 있다. 그중 한 곳이 쇼핑 장소이다. 사람들은 백화점이나 마트에 가기 전 불필요한 것을 사지 말자고 무언의 다짐을 한다. 그런데 이 다짐이 무너지는 순간이 있다. 바로 할인 상품을 발견할 때이다.

상품의 원래 소비자가격에 줄이 그어져 있고 그 옆에 굵은 글씨체로 할인가가 적혀 있다. 이런 상품을 보면 원래 가격보다 훨씬 더 싸게 살 수 있다는 생각에 이끌려 큰 고민 없이 해당 제품을 구입한다. 동일한 기능의 다른 제품들과 비교하거나 나에게 꼭 필요한가 등의 합리적인 생각을 하지 못한다. 마케팅에서 앵커링 효과를 적절히 활용하면 제품 판매에서 좋은 성과를 거둘 수 있다.

기업 현장에서는 앵커링 효과가 어떻게 발휘될까? A사와 B사가 계약을 맺기 위해 협상하고 있다. A가 B에게 500억 원을 제시하면서 그 이상은 안 된다고 못 박는다. 업무 수행 정도나 기간 등을 감안했을 때 최소 800억 원은 받아야 하는 B는 크게 난감해한다. 계약을 따내고 싶은데 이렇게까지 가격을 낮춰야 하는지 고민이 깊은 B에게 A가 넌지시 650억 원의 타협안을 제시한다. 이 정도도 크게 양보한 것이라는 선심성 발언을 한다. 절박했던 B는 150억 원이 더 추가되었다는 생각에 A의 제안을 받아들인다. 이것이 앵커링 효과이다. 본래 650억 원으로 계약하고 싶었던 A는 그보다 더 낮은 500억 원으로 B의 시선을 붙들어 맨 다음 650억 원을 타협점인 것처럼 제시했다. A는 협상을 잘한 것이고, B는 협상에 실패한 것이다.

A와 B의 입장에 따라 앵커링 효과를 사용할 수 있다. A라면 최대한 활용해야 할 것이고, B는 앵커링 효과에 당하지 않을 대비책이 필요하다. 앵커링 효과에 맞설 방법은 내가 받고 싶은 목표 금액을 정하는 것이다. 최소 얼마에서 최대 얼마까지 마지노선을 정해 놓아야 한다. B는 자신이 A보다 불리하다고 느끼기 쉽지만 그렇지 않다. B가 없다면 협상 테이블 자체가 존재하지 않는다. A가 값을 지불하고 싶은 경쟁력을 B가 가지고 있으므로 협상하는 것이다.

이 점을 생각하고 B는 협상에서 당당한 태도를 취해야 한다. 최소와 최대까지 명확한 기준을 가지고 협상에 나서야 상대에게 끌려가지 않으며, 상대가 제시한 숫자가 머릿속에 각인되어 즉각적인 감정에 흔들리는 일이 없다.

05

돈을 벌어들이는 협상

사업 파트너는 멀리서 찾아라

"뒤통수를 치는 사람들은 대부분 낯선 사람들이 아니다. 내가 좋아
하고 신뢰했던 사람들이 나를 배반한다. 그래서 친한 사람들과 비
즈니스 테이블에 마주 앉아서는 안 된다."

　한창 승승장구할 때 평소 친하게 지내던 지인의 권유로 중국에
진출한 사업가가 있었다. 중국 내 네트워크가 있다는 지인의 말을
100% 믿었다. 중국의 싼 인건비와 공장을 옮기고도 남을 만큼 저
렴한 시설비에 매력을 느끼기도 했다. 그러나 중국 공장의 모든 시
스템을 갖추고 본격적으로 가동하기 시작했을 때 지인은 미리 심
어놓은 직원들과 작당하여 공장을 가로챘다. 결국 그 사업가는 정

신적 금전적으로 엄청난 손해를 입은 채 한국으로 돌아왔다.

또 다른 사업가는 사업에서 친한 관계를 다음과 같이 비유했다.

"자식에게 무조건 져주는 아버지는 교육이 잘 이뤄지지 않는다. 마찬가지로 비즈니스도 내가 좋아하는 사람과는 협상을 할 수 없다."

이 말을 한 사업가는 일할 때는 공적인 관계의 사람들과, 친목 도모는 사적인 관계의 사람들과 한다는 철칙을 지켜나갔다. 공적 관계의 사람들과 친해지더라도 지나치게 가까워지지 않도록, 사적 관계의 사람들과는 일을 도모하지 않도록 신경 쓴다. 두 영역은 철저히 구분해야 한다는 것이다.

남에게 지인을 소개해주는 것도 신중해야 한다. A가 자신이 신뢰하는 B를 C에게 소개해준다고 가정하자. C는 A를 믿기 때문에 B를 신뢰하려 하고, B가 내미는 계약 조건에 제대로 협의하기 어려울 수 있다. B는 A 덕분에 자기 노력 없이 협상에서 유리한 고지를 점하게 되는 것이다. 직접 개척해서 일궈낸 협상보다 훨씬 쉽다. A는 자기가 소개한 B가 잘해낼지 걱정스럽고, C는 A 때문에 B와의 협의가 늘 부담이다. 결국 이익을 보는 것은 B뿐이다. 이런 관계를 굳이 만들 필요 있을까?

친하다는 이유로 신세 지려 하지 말고, 상대가 의존하려는 것도 받아들여서는 안 된다. 남에게 의존하다 보면 남의 도움 없이는 아무것도 이룰 수 없는 나약한 존재가 될 뿐이다. 누구에게도 의지하지 않겠다고 결심하면 협상도, 관계도 어렵지 않다. 사업가는 친분을 앞세운 공짜 심리를 경계해야 한다. 신세를 지거나 의존하다 보면 나중에 더 큰 비용을 치러야 한다. 누군가에게 부탁하고 싶은 마음이 들더라도 스스로 할 수 있는 방법을 찾아야 한다. 타인을 믿기보다 자신을 믿을 때 역사가 이루어진다.

차선책이 최선의 결과를 만든다

앞서 말했듯이 협상에서 좋은 성과를 거두고 싶다면 빨리 합의에 도달하고자 하는 조바심과 친분을 배제해야 한다. 지금부터는 협상 테이블에서 중요한 기법을 짚어보고자 한다.

협상학에서 유명한 배트나(BATNA, Best Alternative To Negotiated Agreement) 기법은 협상이 결렬됐을 때 최선의 대안, 즉 차선책을 말한다. 예를 들어 A사가 B사와 협상을 벌일 때 A사가 존재하지 않는 가상의 경쟁자 C와 D를 등장시켜서, 이들이 더 저렴한 가격을 제시하여 검토 중이라는 말을 B사에게 건넨다. A사가 더 많은 선택지를 갖고 있다는 것을 알게 된 B사는 여러 조건을 양보하고

서라도 계약을 따내야겠다고 생각한다. 이렇게 B사의 양보를 이끌어낸 가상의 경쟁자 C, D가 A의 배트나이다.

배트나가 많다고 인식되는 쪽이 협상에서 유리한 위치를 점한다. 우리나라에서 배트나의 사례로 손꼽히는 것이 한국까르푸의 철수 전략이다. 1996년 한국 시장에 진출한 까르푸는 세계적 유통 기업인데도 기대하던 영업 실적을 얻지 못했다. 한국 소비자들의 취향을 맞추는 현지화 전략에 실패했고 롯데마트, 이마트, 홈플러스 등의 경쟁사들에게도 밀렸다. 한국까르푸는 비밀리에 롯데마트와 합병을 추진하기도 했다. 일본 시장에서 헐값에 회사를 매각한 적이 있었던 한국까르푸는 실패를 반복하지 않기 위해 절치부심했다. 한국까르푸는 이마트에 관심이 있었으나 정작 이마트는 한국까르푸에 큰 관심이 없었다. 당시 이마트의 전국 점포 수는 70여 개였고 신규 점포 오픈도 진행 중이었다.

2005년 한국까르푸는 부진한 매출에도 점포 수를 확대하기 시작했다. 매출이 떨어지면 점포 수를 줄여야 하는데 정반대의 행동을 한 것이다. 당시 27개였던 점포 수를 5개 늘려 2006년에 32개가 되었고, 2008년까지 15개 점포를 더 열겠다고 선언했다.

한국까르푸의 규모가 커지자 롯데마트뿐 아니라 이마트도 매각 협상에 뛰어들었다. 한국까르푸의 매장 숫자가 늘어난 상태에서 합병이 이뤄지면 롯데마트가 시장 선두에 올라설 수 있었다. 이마트는 한국까르푸 외에 월마트와도 인수 협상을 벌였는데, 최종적으로 월마트 인수를 결정했다. 한국까르푸는 이랜드에 매각되었고, 2006년 역사 속으로 사라졌다. 한국 진출 10여 년 만의 일이다. 결과적으로 보면 한국까르푸는 롯데마트를 배트나로, 이랜드는 한국까르푸를 배트나로 삼은 것이다.

한국까르푸는 겉으로 보기에는 망해서 손 털고 나가는 것처럼 보였으나 실제로는 전혀 손해 보지 않았다. 내부적으로는 한국시장 철수를 결정해놓고 공격적인 방식으로 배트나를 만들어서 원하는 매각대금을 거머쥐었다. 한국까르푸가 한국시장에 진출해 투자한 금액은 1조 2천억 원 정도인데, 매각대금은 1조 7,500억 원이니 상당히 큰 수익을 거둔 것이다(한국까르푸의 한국시장 투자금이 정확히 얼마인지에 대해서는 논란이 있다). 탁월한 협상 전략이었다.

협상에서 우위를 점하고 싶다면 나의 배트나를 준비하면서 상대방의 배트나를 예측해야 한다. 먼저 내가 어떤 카드를 제시해야 주도권을 가질 수 있는지를 고민한다. 한 가지가 아니라 여러 개를 준비해 경우의 수에 대응하는 것이 좋다. 상대방이 준비할 배트나도 꼼꼼히 예측해보고 대비책을 검토한다. 상대의 생각을 예측할 수 있다면 당황하지 않고 맞대응할 수 있다.

배트나를 제시하는 타이밍도 중요하다. 첨예하게 대립하다 못해 거의 결렬 직전까지 가면 미리 준비했던 것보다 훨씬 더 강력한 배트나가 필요하다. 입장 차이가 고조되는 시점에서 살짝 보여주고 상대가 생각할 수 있는 여지를 주는 것이 효과적이다.

배트나를 준비한다는 것은 이미 존재하는 것을 찾아내는 차원이 아니다. 성공적인 협상을 위해 당사자들이 노력하여 만들어내는 것이다. 나의 패를 철저히 준비하고 상대의 패를 깊이 연구할수록 협상에 성공할 확률이 높다는 점을 기억해야 한다.

06

핵심 파이프라인은 따로 있다

본캐 : 부캐의 8 : 2 법칙

식품 사업을 하며 부동산과 주식으로 돈을 많이 번 사업가가 있다.
투자로 번 돈으로 죽을 때까지 편안하게 먹고살 수 있을 텐데 여전
히 일하는 이유가 궁금해서 그를 잘 아는 대표에게 물었다.

대표는 언제나 주력 사업, 즉 본업에 관심을 갖고 노력을 기울여
야 한다고 했다. 부동산이나 주식, 코인으로 돈을 많이 벌었다고 본
업을 바꾸거나 무리한 확장을 해서는 안 된다. 본업을 등한시하고
새로운 사업을 시도했다가 의도한 대로 운영되지 않으면 본업도 휘
청인다는 것이다. 결국 기업의 체질을 약화하는 결과를 초래한다.

투자로 돈을 잃었을 경우도 마찬가지다. 자금이 없다고 본업에

투입된 인력이나 매장, 연구개발비 등을 줄여서 경비를 절감해서는 안 된다. 불황이라고 해서 본업에 들어가는 경비를 줄이면 장기적으로 성장이 위축되고 치열한 경쟁에서 도태되고 만다.

"사업에서 본업은 뿌리와 같다. 뿌리가 약해지면 제아무리 가지가 많고 꽃이 화려해도 시들기 마련이다."

큰 부자들이 다른 분야에 투자하지 않는다는 의미가 아니다. 순자산의 규모가 엄청난 부자들도 일반 서민들과 마찬가지로 부동산, 주식 등에 투자한다. 위에서 말한 사업가는 서해안 간척지가 평당 10~20원 할 때 땅을 사들여 큰돈을 벌었다. 본업에서 번 돈보다 훨씬 많은 액수였다. 그런데도 그는 본업을 소홀히 하지 않았다. 그는 자신이 가진 자본과 시간의 80%를 본업에 쏟았고, 나머지 20%를 투자나 신사업 구상에 썼다. 이것이 바로 8 : 2 법칙이다.

"요즘 사람들은 파이프라인이라고 해서 부동산, 주식, 코인 등 돈이 들어올 루트를 여러 개 만든다. 하지만 그렇게 해서 돈을 벌었다고 직장을 그만둬서는 안 된다."

큰 부자들은 매일 규칙적이고 꾸준히 자기 일을 한다. 매월 고정적으로 수입을 벌어들이는 루트이자 자신의 정체성과 관련된 본업을 절대 놓지 않는다.

"사람은 모름지기 자신이 누구인지를 느낄 수 있는 일을 가져야 한다. 땀 흘려 노력하고 성과를 거두고 보람을 느끼는 일 말이다. 돈을 많이 벌었다고 일을 그만둬서는 안 된다."

그동안 내가 만난 부자들은 세간의 편견과 달리 허세가 없고 보여주기식 행동을 하지 않는 사람들이다. 돈 벌려고 일하는 게 아니라 일이 좋아서 하는 사람들이다. 좋아서 신나게 일하니 본업이 나날이 성장한다.

투자로 큰돈을 벌어들인 사람들은 본업을 고집하는 이들이 미련스러워 보일 수 있을 것이다. 그러나 투자에 모든 것을 쏟아부은 사람들이 늘 해피엔딩을 맞이하는 것은 아니다. A사는 B사의 주식을 사들였다. B사는 친환경에너지 분야에서 두각을 나타내는 벤처 기업이지만, A사의 주력 산업과는 전혀 무관했다. A사가 매입한 양은 B사 전체 주식의 8% 수준이었다. 친환경산업이 뜨면서 투자자들이 B사의 주식을 보유한 A사의 주식을 사들이기 시작했다. 평소 시장에서 큰 주목을 받지 못했던 A사의 주가가 가파르게 올라갔다. A사는 신이 나서 자금을 긁어모아 B사 주식 1%를 더 매입했고 주가가 더 오르기를 기대했다. B사가 잘되면 B사 주식과 자기 회사 주식, 양쪽으로 돈을 벌 수 있다는 생각이었다.

그런데 결과는 반대였다. B사의 사업이 부진하면서 주가가 폭락

했다. B사 주식을 대거 매수한 A사의 주가도 함께 떨어졌다. A사 대표는 주주들과 임원진의 불신에 시달리다 대표직을 사임하고 말았다. 두 마리 토끼를 잡으려다 집토끼를 놓쳐버린 것이다.

이런 일은 기업 현장에서 심심찮게 눈에 띈다. 가까운 일본의 사례만 봐도 그렇다. 1991년에 시작된 일본 경제의 장기적 불황을 '잃어버린 20년'이라고 표현한다. 금융권의 부실, 기업의 줄도산, 부동산 폭락, 실업률 증가가 계속되면서 불황의 어둠은 갈수록 깊어졌다. 일본 국민들뿐만 아니라 기업에게도 고된 시간이었다. 경제에 거품이 잔뜩 끼었던 시절 많은 기업들이 본업이 아닌 부동산이나 주식 등 쉽게 돈을 벌 수 있는 사업에 한눈팔았다. 그러다 거품이 꺼졌고, 기업의 체질이 약화된 상황에서 불황의 늪을 빠져나오기가 훨씬 힘들었다.

그런데 이런 수렁에서 빠져나온 기업들이 있다. 바로 마쓰다 자동차이다. 본래 마쓰다는 일반 대중이 선호하는 차를 만들던 회사였다. 그러다 거품경제 때 돈을 벌면서 고급화 전략을 선택해 화려하고 값비싼 스포츠카와 고급차를 만들었다. 하지만 거품경제가 붕괴되면서 회사는 큰 위험에 빠졌다. 고가의 차량을 살 소비자가 급격히 줄어들어 차가 팔리지 않은 것이다. 마쓰다는 할 수 없이 헐값에 제품을 판매해야 했다.

1996년 마쓰다는 포드자동차에 인수되었다. 존재감이 점점 사라져가고 있을 때 마쓰다는 다시 새로운 계획을 세웠다. 어느 자동차 회사도 따라잡지 못할 엔진을 개발하기로 결심한 것이다. 마쓰다 경영진은 엔진 개발에 사활을 걸었다. 전 세계 자동차 시장에서 하이브리드가 대세일 때도 마쓰다는 그쪽으로 눈길을 주지 않았다. 2007년 포드와의 관계를 정리한 후에도 마쓰다의 연구는 계속되었고, 가솔린 엔진의 효율을 끌어올린 스카이액티브(SKYACTIV) 엔진을 개발했다. 이 엔진을 탑재한 마쓰다의 소형 SUV는 소비자들에게 폭발적인 인기를 끌었다. 기나긴 늪에서 벗어나 재도약의 발판을 만들어낸 것이다.

마쓰다 외에도 핵심 기술력을 보유한 중소기업들이 잃어버린 20년에서 살아남았다. 눈앞에 보이는 돈을 잡기 위해 뛰어다니는 것보다 본업에 충실했을 때 기업의 생존력과 경쟁력이 훨씬 더 강해진다는 사실을 깨달을 수 있다.

많은 주식투자 전문가들은 본업에 소홀한 기업들의 주식 매입에 신중해야 한다고 입을 모은다. 대표가 본업보다 신사업에 더 매달린다거나 자사 주식을 담보로 타 기업 주식을 매입하는 기업은 본업의 성장이 더디거나 정체되는 경우가 많다. 본업이야말로 기업이 가장 오랜 시간과 노력, 자금을 투자한 만큼 더 큰 성과를 낼 수 있다. 그런데도 회사의 에너지를 본업이 아닌 다른 영역에 쏟아붓는다면 미래가 밝을 수 없다. 뿌리가 약한 가지는 건강한 열매를 맺지 못한다.

물론 투자를 통해 벌어들인 자금으로 본업을 더 튼튼하게 살찌울
수 있다. 그러나 염불보다 젯밥이라는 속담처럼 중요한 일과 덜 중
요한 일의 순위가 바뀌어서는 안 된다.

애플이 애플만을 고집하는 이유

큰 부자들은 자신의 본업에 대한 성취욕과 애정이 강한 사람들이
다. 내일 죽는다고 해도 오늘 기업 회의를 연다. 은퇴에 대한 개념
도 없다. 애플 창업자 스티브 잡스는 사망하기 전까지 팀 쿡을 만
나 회의했다. 당시 애플은 신모델 발표를 앞두고 있는 상황에서 췌
장암 투병 중이었던 잡스는 팀 쿡에게 경영을 맡겼다.

2011년 스티브 잡스는 사망한 후에도 애플에 지대한 영향을 미
쳤다. 잡스가 사라지면 애플이 망할 거라고 예상한 사람들도 많았
다. 하지만 애플은 2020년 8월 시가총액 2조 달러(약 2,333조 원)를
기록했다. 잡스가 사망한 지 10년 만의 성과였다. CNBC 등 미국
경제 매체는 빠르면 2022년에 애플 시총이 3조 달러에 달할 수 있
다고 전망했다.(〈중앙일보〉, 2021. 8. 24.) 팀 쿡의 선전이기도 하지만
잡스가 사망하기 전까지 혁신 기술을 연구했기 때문이기도 하다.

그가 개발한 기술들은 애플 고유의 것으로 인정받았고, 그의 혁신적인 아이디어들은 지금까지 실행되고 있다.

큰 부자들은 경영 일선에서 물러나더라도 연구에서 손을 떼지 않는다. 기억력이 있고 정신이 온전하다면 아무리 나이를 먹더라도 계속 연구하면서 회사의 발전 방향을 제시한다. 욕심이 아니라 일을 좋아해서 그런 것이다. 많은 이들이 부자가 되고 싶은 이유 중 하나가 일을 안 하고 놀고 싶어서라고 한다. 여유 있고 편안하게 살고 싶어서 부자가 되려는 것이다. 열심히 사업하던 사람들도 부유해지면 직원들에게 현업을 맡기고 여행을 다니며 유유자적 생활한다. 그런데 큰 부자들은 아무리 돈을 많이 벌어도 현장을 떠나지 않는다.

처음에는 경제인 조찬 모임에 참여한 부자들을 보면 나도 저렇게 될 수 있을까 하는 생각을 했다. 하지만 그들의 삶을 좀 더 가까이에서 들여다보고는 그 생각이 사라졌다. 부자들은 마치 백조와 같다. 백조는 겉으로는 우아하고 기품 있게 헤엄치는 듯 보이지만 물속으로는 열심히 발버둥을 친다. 치열한 물갈퀴질을 해야 앞으로 나아갈 수 있기 때문이다. 부자들 역시 백조처럼 치열하게 산다. 조찬 모임에 참여한 이들 중 태반은 2시간 남짓 쪽잠을 잔다. 반짝이는 구두에 양복을 갖춰 입었으나 평소에는 좀 더 편한 복장을 하고 현장 이곳저곳을 누빈다. 그런 실상을 알기에 더 이상 막연한 부러움을 갖지 않는다. 최선과 열정을 다하는 모습에 진심으로 존경심을 느낀다.

세계적인 패션 기업에 패션 용품을 납품하는 중견기업을 운영하는 대표는 중후한 멋을 지닌 신사이다. 그를 만나는 사람들마다 처음부터 큰 회사 대표였을 거라고 지레짐작한다. 하지만 그는 처음에 아내와 함께 작은 모자 공장을 운영했다. 구멍가게나 다를 바 없는 회사를 끈질긴 노력과 뜨거운 열정으로 성장시킨 것이다.

그에게는 언제나 묘한 향이 난다. 바로 시너 냄새이다(시너는 옷감에 나염할 때 염료를 희석하는 데 사용한다. 보통 새 옷 냄새라고 하는 것이 시너 냄새이다). 이것은 그가 조금 전까지 연구실에서 연구하다 왔다는 증거이다. 부자들은 큰 성공을 위해 오늘의 노력을 아끼지 않는다. 자기 회사만의 경쟁력을 갖추기 위해 시너 냄새가 몸에 배는 것쯤은 아무것도 아니다. 성공하고 싶다면 현재의 안락함에서 벗어나 도전해야 한다. 늘 현장에서 차별화된 기술력을 갖추기 위해 노력하는 것이 습관화되어야 한다.

그는 내게 일을 벌리지 말고 하나에 집중하라고 조언한다.

"한 번에 하나의 프로젝트에 온전히 집중하는 것이 일을 처리하기가 수월하다. 새로운 일보다 지금 하는 일을 지키고 발전시키는 것이 중요하다. 누가 봐도 내가 아니면 안 될 것 같은 일이어야 한다."

큰 부자들에게 본업은 생명과도 같다. 그 일에 최선을 다하고, 최고가 될 수 있도록 노력한다. 어느 날 느닷없는 돈벼락을 기대하기보다 현장을 지키며 본업에 집중하는 것이 큰 부를 이루는 지름길이다. 본업에 집중하다 보면 더 큰 일, 더 좋은 기회가 온다.

07

예측 가능한 돈의 위기

돈은 돌아설 때 반드시 경고를 보낸다

자동차에 들어가는 중요 부품을 생산하는 R사는 국내 대기업에 납품하는 것은 물론 해외 판로까지 개척하여 대성공을 거두었다. 뛰어난 기술력으로 경쟁사들의 추월을 허용하지 않았다. R사의 매출은 가파른 상승세를 그리더니 창업 초기 수억 원에 불과했던 매출이 수백 억원대까지 올라갔다.

자수성가한 R사 대표는 회사가 안정되자 조금씩 다른 쪽으로 시선을 돌렸다. 그가 새롭게 관심을 가진 신사업은 유통이었다. 처음에는 자사 제품을 유통하다 점차 규모를 늘렸다. 다양한 기업에게서 유통 계약을 따냈고 선박과 창고 부지 등을 확보하는 데 몰두했다. 그 과정에서 재정구조가 열악한 기업에는 매각 제안을 했다. 자동차 부품 생산이 본업인데 이와 무관한 계열사들을 거느리기 시작했다. 임원들이 한목소리로 사업을 무리하게 확장하지 말자고 건의했다. 그러나 R사 대표는 대기업 회장이 된 듯한 만족감에 젖어 임원들의 의견을 받아들이지 않았다.

R사를 지켜보면서 한 기업가가 이렇게 말했다.

"사업이 잘되어서 확장하는 것은 나쁜 게 아니다. 어찌 보면 당연한 욕망이다. 다만 적정선을 찾아야 한다. 뿌리에 영양분을 주면서 좀 더 자라되 허리가 부러지지 않을 정도로 말이다."

그는 R사가 유통으로 눈을 돌린 것에 대해서는 긍정적으로 평가했다. 본업과 연관성이 있기 때문이다. 자기 비즈니스를 위해 구축한 망이지만 이왕 갖춰놓은 것이니 다른 유통 계약을 더 추가하는 것도 좋다. 그러나 이후에 본업과 관련 없고 사업 연계성도 전혀 없는 계열사들을 거느리면서 자금이 분산된 것이 패착이었다. 물론 계열사 간의 시너지도 일어나지 않았다. 본업에 재투자를 하지 못하자 강점이었던 기술력은 점점 약화되었다. 결국 R사는 우왕좌왕하는 사이에 다른 경쟁사들의 추월을 허용하고 말았다.

가장 결정적인 실수는 마지막으로 인수한 A사였다. A사는 겉만

번지르르한 부실기업이었다. A사는 화려한 계약 실적을 자랑하며 R사 대표의 눈을 현혹했다. R사는 A사 대표의 말만 믿고 거액의 자금을 들여서 인수했는데 실상을 들여다보니 숨겨둔 부채가 있었던 것이다.

"경영자는 자신이 적정선을 넘기는 순간을 스스로 느낄 수 있어야 한다. 여기까지는 무리가 아닐까, 지나치지 않을까 하는 생각이 들 때 곧바로 멈춰야 한다."

R사 대표가 평상시의 마음가짐과 태도를 유지했다면 A사의 문제를 발견했을 것이다. R사 대표는 회사를 잘 운영하는 것으로 정평이 나 있었다. 직원들 처우에도 남다른 신경을 썼기에 많은 사람들이 안타까워했다.

성공 가도를 달리는 많은 기업들이 R사와 같은 위기를 겪는다. 2020년 콜롬비아의 국적항공사인 아비앙카 홀딩스가 미국 뉴욕 법원에 파산보호를 신청했다. 1919년에 설립된 이 회사는 KLM 네덜란드항공에 이어 세계에서 두 번째로 오래된 항공사라는 역사를 자랑한다. 중남미에서는 칠레의 라탐항공에 이어 두 번째로 큰 규모이다.

위기를 맞은 가장 직접적인 원인은 코로나 팬데믹으로 인한 수입

급감이었다. 아비앙카의 총부채는 2019년 말 기준 73억 달러(약 9조 원)에 달한다. 하지만 더 근본적인 문제는 따로 있었다. 아비앙카 홀딩스는 10개의 개별 항공사를 거느리고 있었다. 2000년대 초 사업을 확장하다 한 차례 파산 위기를 극복했다.

2004년 브라질 대기업 시너지그룹의 창업자 게르만 에프로모비치가 아비앙카 항공을 인수했는데, 그는 중남미에서 아비앙카의 위상을 높이기 위해 사업을 무리하게 확장했다. 화폐가치와 유가 등락에 따라 사업 환경이 나빠진 상황에서 적극적인 대처가 부족했다. 이런 이유들로 인해 아비앙카가 파산보호 신청을 했을 때 업계에서는 예상된 결과라고 평가했다.(이슈&피플, 〈이코노미조선〉, 2020. 5. 18.)

중국 부동산 개발업체 헝다그룹이 2021년 12월 3일 사실상 부도를 선언했다. 헝다의 총부채는 약 1조 9,665억 위안(약 377조 원)에 달했다. 벼랑 끝에 선 헝다는 2022년 초 45억 위안(약 8,400억 원) 규모의 위안화 채권 상환을 6개월 연기할 수 있게 되면서 간신히 디폴트를 모면했다.

헝다의 위기는 은행에서 무리한 대출을 받아 사업을 확장한 탓이었다. 자금 흐름이 투명하지 않다는 시각도 있다. 헝다에 결정타를 가한 것은 중국 정부의 부동산 기업 억제책이었다. 중국 정부는 집값 상승이 경제에 악영향을 주어 출산율 저하까지 초래한다고 판단해 대출 규제 등의 억제책을 펼쳤고, 이로 인해 헝다는 대출 연장을 받지 못했다. 다른 부동산 기업들은 정부의 입장을 알아채고 부채를 상환하기 시작했으나 헝다는 정반대의 행동을 취했다. 더 많은 부동산을 사들인 것이다. 중국 정부의 눈에는 더욱 안 좋게 보일 수밖에 없었다. 대출 연장은 더 어려워졌고 예견된 위기가 찾아왔다.

헝다가 재기의 발판을 마련할 수 있을지는 미지수이다. 중국의 정치적인 특징이 기여한 바도 있다. 그러나 얼마든지 예측 가능한 위기에 경영진이 제대로 대응하지 못하고 방만 경영을 했다는 것은 부정할 수 없다.

사업에는 항상 변수가 있기 마련이다. 하지만 평소 적정선을 유지한다면 변수에 대처할 수 있다. 무리한 욕심으로 여유 자본을 소진하여 뿌리까지 병들게 해서는 안 된다. 사업 확장이나 신사업 모색을 하더라도 본업을 최우선으로 튼튼히 하면서 본업과 상생할 수 있는 방안을 찾아야 한다.

돈은 배신하지 않는다, 사람이 배신할 뿐

중견 건설사 비서실에서 일하는 지인은 한창 잘나가던 자신의 회사가 자금난에 시달리고 있다고 걱정했다. 이 회사는 은행에서 대규모 대출을 받아 이곳저곳에서 공사를 진행했다. 건축 경기가 침체된 상황에서도 공격적으로 사업을 펼쳤다. 회사 안팎으로 무리한 사업 확대에 대한 우려가 있었으나 회장은 완공되면 자금이 회수될 거라며 고집스럽게 밀어붙였다.

회장의 문제는 더 있었다. 그는 임원들과 상의하지 않고 인사 발령을 냈다. 아무런 예고도 없이 월례 회의에서 인사이동을 전격 발표했다. 자기 사업부에서 한창 의욕적으로 일하는 사람을 해외로 보내거나 팀장들의 이력과 전문성에 대한 고려 없이 타 부서로 발령 내기도 했다. 매월 초가 되면 누군가에게 한 대 맞은 듯 얼얼한 표정으로 앉아 있는 직원들이 눈에 띄었다. 연말 매출 결산 때 원하는 성과가 나오지 않으면 그때까지의 사업과 운영을 꼼꼼하게 점검하기보다 구조조정부터 들먹였다. 회사 시스템을 구성하는 가장 중요한 요소인 인력에 대한 진지한 고민이나 자기 성찰을 찾아보기 힘들었다.

결국 지인은 다니던 회사를 그만두었고 이후 3년을 넘기지 못하고 그 회사는 부도 처리되었다. 많은 임직원들이 하루아침에 실직자 신세가 되었다. 회장을 그토록 가슴 뿌듯하게 해주었던 화려한 실적들은 빛바랜 과거가 되었다.

큰 성공을 거둔 기업들이 날개 없는 추락을 하는 것은 경영자와 무관하지 않다. 통상적으로 경영자는 회사 전체를 통틀어 회사를 가장 사랑하는 사람일 것이다. 그렇다고 해서 경영자가 늘 옳은 결정을 하는 것은 아니다. 애정이 넘치는 부모라고 해서 자녀를 잘 키우는 게 아니듯이 경영도 마찬가지다. 일에 대한 뜨거운 가슴이 있더라도 정확한 정보와 냉철한 이성을 가지고 의사 결정을 해야 한다. 여기서 정보란 현장과 시장 정보를 말한다. 이러한 정보를 경영자보다 더 많이 알고 있는 것이 실무자들이다. 경영자는 회사에 대한 자신의 애정과 판단력을 과신하지 말고 실무자들의 의견을 경청해야 한다.

경영자는 일이 잘 풀린다고 믿을 때 타인의 의견을 배제하는 함정에 빠질 수 있다. 나날이 변화하는 시장과 대중의 기호를 읽지 못하고 오래전 방식을 여전히 계속 밀고 나간다. 회사는 어느덧 성장하여 외연은 중견기업의 모습을 갖추고 있는데도 경영자의 마인드는 홀로 고군분투했던 과거에 머무르고 있는 것이다. 회사가 성장할수록 경력과 현장 정보를 갖춘 이들이 의사 결정에 참여하는 시스템을 갖춰야 하는데 이를 경영자가 가로막는 형국이다. 이럴 때 회사의 최대 리스크는 다름 아닌 경영자 자신이다.

회사는 경영자를 포함해 임직원 모두의 생계가 달린 곳이다. 가족까지 포함하면 수많은 사람들의 삶을 책임지고 있다. 경영자 혼자 독단을 부려서는 안 되는 이유가 여기에 있다.

경영자가 독단에 빠지지 않으려면 어떻게 해야 할까? 늘 현장에 있어야 하고 시장의 움직임을 주밀하게 관찰해야 한다. 현장 실무자들의 말을 경청해야 현실과 동떨어진 판단을 내릴 위험을 방지할 수 있다. 원숭이가 나무에서 떨어질 때는 나무를 잘 탄다고 스스로 확신할 때이다. 프로가 될수록, 회사가 잘나갈수록 필요한 것이 겸손이다.

꿈은 클수록 좋다는 것은

틀린 말이 아니다.

그러나 무작정 큰 목표부터 정하고

실현 계획은 세우지도 않은 채

부자가 될 거라고 생각해서는 안 된다.

실현 계획 없는 목표는

몽상과 다르지 않다.

PART
03

돈의 파트너를
구축하라

01

부를 함께 나눌 사람들

회장의 인재 판별 테스트

그날따라 약속을 잘 지키기로 정평이 난 기업의 대표가 30분이나 늦는다고 했다. 천재지변이 아닌 한 사람을 기다리게 하는 사람이 아니었기에 뭔가 안 좋은 일이 생긴 건 아닌지 걱정스러웠다. 나는 비서가 두고 간 회사 카탈로그를 보면서 기다렸다. 카탈로그는 생각보다 내용이 재미있었다. 회사 연혁과 비전이 일목요연하게 정리돼 있고 주력 상품도 자세히 소개되어 있었다. 카탈로그를 읽는 사이에 대표가 나타났다.

그런데 대표의 표정에는 뭔지 모를 만족감이 담겨 있었다. 무슨 일이 있는 것은 아니냐고 묻는 나에게 대표는 이렇게 말했다.

"일부러 늦게 왔네. 나를 기다리면서 자네가 뭘 하는지 궁금해서 말이야."

그는 비즈니스와 관련해 많은 사람들을 만나는데 상대방이 어떤 사람인지, 계속 인연을 이어갈 수 있을지를 알아보고 싶을 때 일부러 자리를 비운다고 했다. 미리 회사 카탈로그를 테이블에 올려두고 상대방에게 중요한 일이 있어서 조금 늦을 예정이니 잠시 기다려달라고 하는 것이다. 그렇게 혼자 내버려두고 직원들에게 살펴보라고 한다.

"내 뒤통수에서 하는 행동이 그 사람의 진짜 모습이다. 그걸 관찰해서 좋은 인연을 찾아야 한다."

대표는 직원들을 뽑는 면접에도 이 방법을 쓴다고 했다. 면접자들이 대기하는 장소에 카탈로그를 인원수만큼 구비해두고 자리를 비운다. 그런 다음 직원에게 대기자들이 자기 순서를 기다리는 동안 무엇을 하는지 관찰하라고 한다. 그런데 90%가 휴대폰을 만지거나 딴청을 부린다는 것이었다. 카탈로그를 보는 사람은 10% 정도인데, 최종 합격자들은 대개 이 10%에서 나온다고 했다.

나는 단지 카탈로그에 관심이 없는 것 아니냐고 반문했다. 그러자 대표는 바로 그걸 알고 싶은 거라고 했다. 회사에 취업하려고

온 사람이 회사에 관심이 있는지 없는지를 본다는 것이다.

대표의 말이 맞다는 생각이 들면서도 한편으로 서운했다. 몇 년이나 만나왔으면서 이런 테스트를 하다니 말이다. 그러자 대표는 내가 좋은 사람을 뽑는 법을 알려달라고 했기에 직접 보여준 것이라고 설명했다.

그는 자신이 이런 테스트를 하게 된 사건이 있었다고 한다. 이른 아침 회사에 출근해 엘리베이터를 탔는데 실수로 층수를 잘못 눌렀다. 엉뚱한 층에서 문이 열리자 이참에 사무실을 둘러보고 가야겠다는 생각이 들었다.

아무도 출근하지 않은 사무실은 텅 비어 있었다. 그는 직원들 책상을 하나하나 둘러보다가 한 책상에 시선이 꽂혔다. 책상에 쌓여 있던 서류 뭉치 사이로 해외 경쟁사의 카탈로그가 삐져나와 있었던 것이다. 직감적으로 느낌이 좋지 않아 비서들에게 해당 직원을 살펴보라고 지시했다. 조사 결과는 놀라웠다. 해당 직원은 해외의 경쟁사로 회사 기밀 자료를 빼돌리려고 했던 것이다. 컴퓨터에 경쟁사와 주고받은 이메일, 회사 기밀 자료에 접속했던 흔적 등이 고스란히 남아 있었다. 해당 직원은 해고되었다.

이 사건은 회사 전체적으로도 큰 충격을 안겨주었다. 그 직원은 평소 싹싹한 성격으로 상사들의 평가도 좋았다. 그런 사람이 산업 스파이라는 두 얼굴을 가지고 있는 줄은 아무도 예상하지 못했다.

겉으로는 회사에 충성하는 척했지만 속으로는 회사와 동료들을 배신할 궁리를 했던 것이다.

대표는 자신의 친구가 운영하는 회사는 연구소 휴지통에서 산업 스파이 증거를 찾아냈다고 했다. CEO들은 많은 사람들을 상대하는 만큼 배신이나 뒤통수 맞는 일도 적지 않다. 그런 일을 겪으면 사람을 믿기 어려울 텐데도 대표는 사람이 중요하다고 했다. 사람을 못 믿으면 일을 할 수 없다. 그러므로 믿을 만한 사람을 가려내는 기술이 중요하다.

좋은 인연이란 별것 아니다. 대표는 직원이나 거래처 같은 비즈니스 관계의 원리와 친구, 연인 같은 사적인 관계의 원리는 결국 같다고 했다. 내가 누구인지, 어떤 일을 하는지 관심을 갖고 들여다봐 주는 사람과 인연을 이어가야 한다. 말솜씨나 외모는 전혀 중요하지 않다.

오래가는 인연인지 아닌지를 결정하려면 자신이 속한 조직에 대한 기본 예의를 갖췄는지를 살펴봐야 한다. 면전에서 잘하는 것은 누구나 할 수 있지만, 뒤에서도 초지일관 같은 태도를 유지하기는 쉽지 않은 법이다. 진정으로 믿을 수 있는 사람인지는 몰래 관찰해서라도 확인할 가치가 있다. 직접 관찰하고 주변 사람들의 관찰까지 종합하여 다각도로 파악해야 한다. 그야말로 뒤통수에도 눈이 달려야 한다.

성실함의 뒷모습, 게으름의 앞모습

대표의 설명을 듣다가 한 사람이 떠올랐다. 어느 팀장이 부서의 대리가 성실한데도 매해 근로자의 날 우수 직원 심사에서 탈락한다고 안타까워했다. 지각이나 조퇴 한 번 없고 맡은 일을 성실히 해내는데도 말이다. 내가 대리의 이야기를 꺼내자 대표가 이맛살을 살짝 찌푸렸다. 성실하고 착하다고 무조건 믿고 오래갈 수 있는 인연은 아니라는 것이었다.

"성실함은 기본이지 궁극의 목표는 아니다. 목표는 성과로 나타나야 한다. 회사는 수익을 내야 하는 집단이기 때문이다."

성실함은 기본이지 핵심 역량은 아니라는 것이다. 예를 들어 농구선수가 높은 연봉을 받으려면 어떻게 해야 할까? 경기에서 점수를 많이 내면 된다. 팀의 점수를 올려야 한다. 단지 선수가 운동을 열심히 하는 것만으로 연봉을 올려줄 구단주는 없다. 마찬가지로 회사에서 직원들이 높은 평가를 받으려면 회사를 성장시킬 만한 일을 해야 한다. 야근을 많이 하는 것보다 정시에 퇴근하더라도 성과를 내는 것이 더 중요하다. 회사는 성장해야 지속적으로 유지할 수 있으며 계속 제자리에 머물면 도태되기 때문이다.

열심히, 성실히 일하는 것을 강점으로 생각하지 말고 회사에 어떻게 수익을 가져다줄 것인가를 고민해야 한다. 미래 먹거리를 개발할 수 있는 진취적인 아이디어를 내야 한다. 공부 잘해서 좋은 대학 나왔다고, 업무 지시를 잘 따른다고, 평판이 좋다고 큰일을 맡을 수는 없다.

"성실한 태도로 자기 일을 완벽하게 해내는 사람이 필요한 곳은 철도공사이다. 기관사는 늘 정확한 시간에 해당 역에 도착해야 하기 때문이다. 기업에서는 실패 혹은 실수하더라도 코뿔소처럼 저돌적으로 도전하는 정신이 더 중요하다."

덜 완벽하더라도 실제 성과로 이어질 수 있는 도전정신과 모든 상황을 핸들링할 줄 아는 현명함이 더 필요하다. 대리가 포상에서 제외된 것은 그 때문이었다.

학원 사업을 하면서 대표의 생각이 옳았음을 깨달았다. 나 역시 학원 선생님을 뽑을 때 성실성보다 학원생들의 성적을 끌어올릴 수 있는 실력을 갖췄는지를 우선적으로 본다. 학생이 학원을 그만두는 한이 있어도 불성실함을 꾸짖고 올바른 방향으로 이끌어줄 강단, 자신의 주관과 실력으로 아이들의 성적을 올려줄 사람, 주위 시선이나 좋은 평가에 연연하지 않고 자신이 정한 목표를 향해 달리는 사람, CEO들은 이런 사람을 원한다.

그런 차원에서 대표는 회사에 큰 손실을 입힌 직원을 야단치지 않았다고 한다. 신사업 책임자였던 직원은 열정적으로 사업을 추진했으나 투자비용 대비 예상 수익 계산을 잘못했다. 수억 원의 손실이 발생해 사태의 책임을 지는 차원에서 해고될 거라는 소문이 회사 안팎으로 퍼졌다. 그러나 대표는 경영진 회의에서 어떤 책임도 묻지 않기로 했다.

"책임을 물으면 앞으로 새로운 아이디어를 낼 사람이 있겠는가. 경영자가 그런 시도는 안 된다고 말하는 순간 직원들은 더 이상 새로운 시도와 발상을 하지 않을 것이다. 회사가 눈앞의 이익보다 새로운 시도와 창의적 발상을 더 좋아한다는 것을 직원들에게 각인시켜 줘야 한다."

성공한 기업의 CEO들은 직원들에게 성과를 끌어내기 위해서는 이 점이 중요하다는 걸 놓치지 않았다.

윌리엄 맥나이트는 20세에 3M에 입사해서 최고경영자에까지 오른 인물이다. 그는 직원들 스스로 리더십을 가지고 창의적인 아이디어를 내는 것을 중요하게 생각했다. "아이디어를 죽이지 말라", "실수를 장려하라"는 그의 말은 지금도 기업 현장에서 명언으로 꼽

한다. 3M이 뛰어난 아이디어 상품을 많이 개발할 수 있었던 것은 이런 기업문화가 있었기 때문이다.

"실수를 저질렀을 때 이를 심하게 비판하는 경영진은 직원의 자발성을 죽이는 것이다. 우리가 계속 성장하기 위해서는 자발적인 사람들이 필수적으로 필요하다."(윌리엄 맥나이트, 〈시사매거진〉, 2018. 1. 3.)

몇 년 후 문득 대리와 신사업 책임자였던 직원의 소식을 물었다. 대리는 퇴사했고, 신사업 책임자였던 직원은 팀장을 맡아서 성공적으로 신규 사업부를 이끌어가고 있었다. 신제품이 론칭된 지 얼마 되지 않았는데 시장에서 좋은 평가를 받고 있으며 그 덕분에 회사 주식도 상한가를 치고 있었다.

기업은 당장의 돈보다 도전정신을 추구해야 하고, 실패를 인정하고 격려하는 기업문화를 만들어야 한다. 이런 기업문화일 때 훌륭한 인재들을 모을 수 있고, 반대되는 경우라면 인재들을 놓치게 될 것이다. 세상의 모든 성공은 진취적인 도전자들의 수많은 실패를 디딤돌로 꽃피웠다는 사실을 잊지 말아야 한다.

02

내 돈을 벌어다주는 사람은 누구인가?

나를 대신해 일할 사람을 곁에 둬라

"상대가 우리 담당자를 못 믿겠다면 나도 일하기 어렵다고 말해주게."

대표의 말을 들은 이사는 아무 반론 없이 자리를 떴다. 회사는 얼마 전 수백억 원 규모의 계약을 진행했는데, 고객사에서 실무 책임자를 탐탁해하지 않았다. 업무 협의를 할 때마다 고객사는 계속 딴지를 걸었고 그때마다 책임자는 마음고생이 컸다. 고객사는 급기야 책임자 교체를 요구했다.

"아무리 돈을 벌 수 있는 좋은 기회라고 해도 내 영혼을 갉아먹게 둬서는 안 된다. 좋은 인연이 아니라면 빨리 정리하는 것이 낫다. 돈은 다른 기회에 벌면 된다."

대표는 일에 철저한 사람이고 욕심은 있었지만 돈을 좇지는 않았다. 직원들과 함께 열정적으로 즐겁게 일하다 보면 돈은 따라온다고 믿었다. 그의 입장에서 보면 고객사는 파트너의 마음을 해치는 방식으로 접근하고 있었다. 그래서 계약 해지도 불사하겠다고 결심한 것이다.

"아무리 고객사라 해도 내 직원을 폄훼해서는 안 된다. 나에게 가장 중요한 존재는 고객에 앞서 직원이다. 회사는 일하는 사람들이 모인 집합체이다. 직원이 있어야 회사가 존재하고 성과도 낼 수 있다. 100명의 고객을 놓쳐도 한 명의 직원을 지켜야 한다."

대표의 강경한 태도에 놀란 고객사는 주장을 접고 실무 책임자를 대하는 태도도 바뀌었다. 대표가 자기 직원을 존중하자 고객사도 함부로 대할 수 없었던 것이다.

대표는 자신의 직원들을 믿어주고 업무 권한을 보장해주었다. 회사가 자신을 믿어주니 직원들도 최선을 다해 일했다. 이직률도 적었다. 사원부터 시작하여 대리, 과장을 거쳐 임원까지 오른 사람들도 적지 않았다. 뛰어난 인재들이 회사 곳곳의 요직을 차지하고 회사를 성장시켜 나갔다.

직원들의 만족도가 높을수록 회사가 성장할 수 있다는 것은 기업 현장에서 잘 알려진 공식이다.

미국의 식료품 체인점 웨그먼스 푸드마켓은 '기업 평판 우수 100대 기업'에서 수년간 상위권을 차지하고 있다. 2019년 조사에서는 4만 명의 직원들 중 회사에 만족한다는 응답률이 무려 98%에 달했다. 이 회사는 직원을 부린다고 보지 않고 회사와 함께 성장하는 주체로 본다. '직원 먼저, 고객은 두 번째(Employees First, Customers Second)'라는 캐치프레이즈에 걸맞게 직원들의 처우, 복지, 교육 프로그램 등을 훌륭히 갖추고 있다. 불만 고객들의 횡포로 직원들이 고개를 숙이는 모습을 이 회사에서 찾아볼 수 없다.

웨그먼스에 만족하는 것은 직원뿐이 아니다. 웨그먼스는 미국인들이 선호하는 마트 1위로 꼽힌다. 웨그먼스의 홈페이지에는 우리 동네에 점포를 열어달라는 요청이 수도 없이 올라온다. 직원들에게 잘해주는 회사가 고객 서비스도 뛰어나고 회사의 매출과 수익도 증가한다는 의미로 웨그먼스 효과라는 경제 용어가 생겨났을 만큼 모범적인 기업이다.

기업의 성장에서 직원은 매우 중요한 존재이다. 내부 고객이라는 말로도 알 수 있듯이 회사에 만족한 직원이 고객을 만족시킬 수 있다는 것을 많은 경영자들이 인지하고 있다. 눈앞의 직원에게 집중해야 미래의 고객을 잡을 수 있다.

파격 인사의 실체

세간에 잘못 알려진 편견 중에 기업은 사람이 아쉽지 않다는 말이 있다. 기업은 일하고자 하는 사람은 많으니 그만두면 새로운 사람을 뽑으면 그만이라는 태도로 일관하고, 반대로 직장을 구해야 하는 구직자는 늘 '을'의 입장이라는 것이다.

그동안 많은 경제인들을 만나본 결과 이런 시각이 잘못된 편견이라고 단언할 수 있다. 훌륭한 경영자들일수록 사람을 귀하게 여기고 자기 사람을 만들고 싶어 한다. 일하는 것은 사람이고 회사의 시스템도 사람이 움직이는 것이다. 그래서 될성부른 나무를 떡잎 시절에 발견하여 양분을 주고 성장시키는 것을 즐거워한다. 인재 양성이야말로 경영자들의 중요 일과 중 하나이다. 훌륭한 인재 앞에서는 경영자들 스스로 '을'이 되기를 주저하지 않는다.

그렇다면 경영자들은 자기 사람을 어떻게 키울까? 은밀하고 기습적인 방법을 동원한다. 어느 회장은 명절 연휴 3일간 중간관리자들 180여 명에게 전화를 걸어서 "내가 ○○○ 회장인데"라고 인사를 건넸다. 휴대폰은 없고 집집마다 전화기가 있을 때였다. 전화를 받은 대부분의 직원들은 "당신 누구야. 어디서 우리 회장님을 사칭해"라며 반말하거나 불같이 호령했다. 그렇게 할 일이 없냐면서 전화를 끊어버리는 경우도 있었다. 어떤 이들은 동료에게 전화해서 이상한 전화가 올 수 있으니 주의하라고 전하기도 했다. 중간관리자들 중에는 회장을 직접 만난 적 없는 사람들도 적잖았다. 회장을 대면한 적이 있는 사람들도 전화기에서 들려오는 목소리를 알아듣지 못했다.

회장은 명절 인사를 하면서 일하는 데 힘든 점은 없는지 물어보려고 했다. 회장인 자신이 직원들을 살피는 모습을 보여주면 그들도 자기 부하직원들을 잘 살펴줄 거라는 기대감도 있었다.

하지만 명절 인사나 직원을 챙기는 일은 회사에서 하면 되는데 굳이 집으로 전화한 이유가 무엇일까? 회장이 자기 집에 전화하리라고는 꿈에도 생각지 못한 직원들이 잘못 걸린 전화 취급할 것은 불 보듯 뻔한 일이었다.

그는 직원이 어떤 사람인지를 알아보기 위해 전화를 건 것이었다. 회사에서는 누구한테나 예의 바르게 대하기 마련이다. 나와 이해관계가 있는 사람들이기 때문이다. 표면적인 모습으로는 그 사람의 진심을 파악하기 어렵다.

"얼굴이 보이지 않는 상대 혹은 자신에게 별로 중요하지 않은 상대를 어떻게 대하는지 봐야 한다. 그게 그 사람의 진짜 됨됨이다."

눈에 보이지 않거나 별로 중요하지 않다고 함부로 대한다면 말단 사원들이나 고객들에게도 얼마든지 함부로 할 수 있다. 그런 사람들은 궁극적으로 회사에 악영향을 끼칠 수 있다는 것이 회장의 생각이었다.

반면 화를 내면서도 정중하게 사실을 알려주는 사람들이 있다. 상대의 잘못을 지적하되 예의의 끈을 놓지 않는 직원들은 따로 적어둔다고 한다. 이후에는 다음 테스트를 진행한다. 업무 방식, 핵심 역량 등을 알아낼 수 있는 테스트로, 제법 난이도 있는 프로젝트를 아무 예고 없이 여러 부서에 제시하는 것이다. 갑작스럽게 프로젝트를 받으면 누구나 당황하기 마련이다. 그 와중에 당혹감을 빨리 수습하고 머릿속에 팀원들을 떠올리면서 어떻게 일을 진행할 것인지를 계획하는 사람들이 있다. ○○○은 친화력이 뛰어나니까 고객 조사를 맡기고, 발 빠른 △△△는 현장을 돌아보게 하며, ◇◇◇는 PPT를 잘 만드니까 보고서를 작정하게 해야겠다. 앉은자리에서 이러한 계획을 수립한다. 회장은 부서장들의 표정과 행동을 놓치지 않고 샅샅이 관찰하면서 그들의 능력을 판단한다.

"일은 항상 내 뜻대로 굴러가지 않는다. 돌발 상황은 언제 어디서든 일어나게 마련이다. 이런 일에 침착하고 기민하게 대처할 줄 아는 것이 진정한 인재다."

프로젝트를 보고하는 날이 되면 회장은 부서장에게 해당 내용을 어떻게 준비했는지 경위를 간단히 브리핑하라고 한다. 회장이 관심을 가지고 보는 것은 몇 페이지짜리 보고서가 아니라 부서장이 어떻게 팀을 움직였는가이다. 그가 설명하는 내용을 통해 순발력, 상황 판단력, 실행력, 동기부여 능력, 통솔력 등을 파악할 수 있다.

어떤 부서장은 시간이 촉박하고 시장조사가 복잡해서 제대로 준비하지 못했는데 시간을 좀 더 주면 완벽하게 해오겠다고 말하기도 한다. 이런 발언은 부정적인 평가를 낳는다. 발표 전부터 자신의 결과물에 문제가 있다고 말한다면 누구도 그 결과물에 호감을 갖지 못할 것이다. 또한 한계를 극복하려고 노력하기보다 상황을 탓하며 제한을 두었다는 점 역시 문제이다. '이 프로젝트는 이런저런 문제가 있으니 어차피 잘될 수 없어. 여기까지만 하자'라는 사고로 어떻게 성장하고 도약할 수 있겠는가. 우리나라 경영자들의 절대다수는 자수성가한 사람들이고 열악한 환경에서도 목표를 이뤄낸 사람들이다. '그러니까'보다 '그럼에도 불구하고'라고 생각하는 인재를 선호한다.

회장은 이와 같은 테스트를 몇 차례 실시해서 모두 통과한 직원들을 높이 평가하고 중요한 자리에 배치했다. 가끔 언론에서 30대 임원 탄생, 파격 인사 등의 기사가 나오는데, 그들도 알게 모르게 경영자의 테스트를 거쳤을 것이다.

회장이 승진시험, 인사평가와 같은 공식적인 루트가 아닌 비공식적인 루트로 중간관리자들을 관찰한 이유가 있다. 그는 회사에서 가장 중요한 역할을 하는 사람들이 중간관리자라고 보았다. 중간관리자인 부서장들은 현장에서 일하는 실무자들의 목소리를 경영진에게 전하고 경영진의 운영 방침을 직원들에게 전하는 위치에 있다. 회사의 허리와도 같은 이들이 제 역할을 하지 못하면 회사는 성장할 수 없다.

회장이 운영하는 회사와 경쟁 관계에 있던 D사는 한때 업계 선두를 달릴 만큼 실적이 좋았다. 그런 D사가 부도 처리되었을 때 경영자들 사이에서는 중간관리자들에게 문제가 있었다는 이야기가 돌았다. 그들은 부하직원들의 공(功)을 가로채고 과(過)는 부하직원들에게 떠넘겼다. 회사 비전을 직원들에게 알리는 것에도 관심이 없었다. D사 회장은 중간관리자들을 믿고 전권을 주었으나 그들은 정반대로 행동했다.

"회사는 피라미드 구조다. 상위의 몇 명이 그 밑에 있는 사람들을 이끌어야 한다. 그래서 상위를 차지한 이들이 어떤 됨됨이를 갖추고 있느냐에 따라 회사의 운명이 달라진다."

기업을 크게 키우고 싶은 경영자들은 훌륭한 중간관리자를 뽑기 위해 최선을 다한다. 인품을 갖추고, 업무 실행력과 리더십이 뛰어나며, 꼼수와 뒷말을 낳지 않는 사람을 찾으려고 한다. 학연, 지연에도 연연하지 않는다. 진짜 능력자를 찾아내기 위해 공식적 루트뿐아니라 비공식적인 확인 절차도 거친다. 마침내 그 사람을 찾으면 아낌없이 지원하고 더 두각을 나타낼 수 있도록 기회를 제공한다.

뛰어난 경영자들은 조직의 안정을 위해 중간관리자 후보까지 예비해둔다. 현직 중간관리자의 뒤를 이을 차기, 차차기 중간관리자를 미리 키우는 것이다. 회사에서 살펴보고 별도로 시간을 내서 만나기도 한다. 일을 배울 수 있도록 중요 프로젝트에 참여할 기회도 준다. 회사의 배려를 받고 있다는 사실을 느낄 수 있도록 조직 체계를 흔들지 않는 범위에서 성장할 수 있는 환경을 만들어준다.

직장은 종잣돈이다

경영자에게 인정받기가 쉬운 일은 아니지만 경영자의 눈에 띄기도 전에 퇴사하는 인재들도 많다. 기업은 늘 인재를 찾아 헤매지만 정작 품에 들어온 인재를 놓치는 것이다.

수많은 인재들이 오늘도 퇴사를 결정한다. 위의 회장은 회사와 개인 모두에게 문제가 있겠으나 이왕이면 회사를 다녀야 한다고 주장한다. 특히 부자가 되겠다는, 성공하겠다는 목표를 세운 사람일수록 회사는 중요한 공간이라는 것이다.

"부자가 되려면 내 주종목을 소중히 해야 한다. 내가 다니는 직장은 시드머니(종잣돈)와 마찬가지다."

회사는 내가 다양한 경험을 쌓을 수 있는 무대이다. 수익을 내는 아이템을 만들고 실행하는 법, 사람을 상대하는 법, 고객을 설득하는 법 등 다양한 현장 지식을 배울 수 있다. 또한 고정수입이 다달이 들어오므로 생계를 유지하면서 종잣돈을 모을 수도 있다. 큰 성공을 꿈꾸는 사람이라면 회사 생활을 포기하지 말고 최대한 활용해야 한다.

회장은 회사 생활에서 성공하려면 직속 상관의 마음을 사로잡아야 한다고 말한다. 이 말에 선뜻 수긍하기 어려워 이유를 물었다. 똑똑하지 않거나 인성이 떨어지는 상사의 마음도 사로잡기 위해 애써야 할까. 회장은 그래야 한다고 말한다.

"내가 아무리 뛰어나도 직급이 낮을 땐 경영진의 눈에 띄기 쉽지 않다. 그래서 일차적인 공략 대상은 부장, 사장, 회장이 아니라 직속 상관이어야 한다. 내 상관이 성공해서 승진하게 만들어야 한다. 그 사람이 승진해야 나 역시 올라갈 수 있기 때문에 직속 상관을 건너뛰고 그 위의 상관에게 잘 보이는 것은 무의미하다."

또한 직속 상관이 어떤 사람이라는 것을 주위 사람들과 더 높은 직급의 사람들도 알고 있다. 직속 상관이 내가 한 일을 자기가 한 것처럼 보고하더라도 그 일을 한 사람이 따로 있다는 것을 안다. 특히 경영진은 직원들과의 대화를 통해 그들의 능력을 파악하고자 하므로, 부서 내 인재가 따로 있다는 사실을 간파한다. 직속 상관이 감추려 해도 내 존재가 드러나는 것이다.

조직 체계를 무시하고 직속 상관을 뛰어넘어 그 위의 직급을 상대하면 일은 잘하는데 꼼수를 부리는 사람으로 인식되기 쉽다. 상사와 동료 모두 불편한 마음을 갖게 되고 이런 일들이 쌓이면 결국 회사를 떠나게 된다. 다양한 경험을 쌓을 기회, 종잣돈을 모을 기회가 모두 사라져버린다.

회장은 회사를 다니면서 목표를 분명히 세우고 그대로 밀고 나가면 성공의 기회를 잡을 수 있다고 단언했다. 그것을 믿는 순간 회사 생활이 더욱 즐거워질 것이라고 말이다.

그의 말은 많은 시간이 흘러 《부의 추월차선》(엠제이 드마코)이라는 책에서 다시 한 번 확인할 수 있었다. 이 책에는 "기회는 남루한 작업복을 입고 찾아온다"라는 구절이 있다. 우리는 회사에서 너무나 일상적이고 평범한, 그래서 보잘것없어 보이는 일들을 많이 만난다. 어쩌면 그토록 지긋지긋한 일 속에 빛나는 기회가 있다. 그 기회는 열정적으로 일하는 사람의 차지가 될 가능성이 높다.

03

기버(giver)의 이기는 법칙

테이커(taker)들이 도태될 수밖에 없는 이유

"발밑을 기어 다니는 개미를 우습게 여기고 밟은 적이 있는가? 개미가 작다고 해서 절대 얕잡아 봐서는 안 된다."

자연 세계를 좋아하는 사업가는 TV 다큐멘터리를 빠짐없이 챙겨 보고 동식물과 관련된 책을 주로 읽는다. 그를 만나면 으레 동식물 얘기를 30분 이상 들을 각오를 해야 한다. 그날의 화제는 '상리공생'이었다. 상리공생은 서로 다른 생물들이 서로 이익을 주고받으며 공존하는 관계를 말한다.

"개미는 진딧물이 항문으로 배출하는 달콤한 액체를 먹는 대신 진딧물을 여러 위험으로부터 보호해준다. 진딧물은 개미에게 먹이를 제공하고 개미는 진딧물을 안전하게 도와주니 얼마나 지혜로운 공생인가."

악어새가 악어 이빨을 청소해주는 것도 공생 관계 아니냐고 하자 그는 잘못된 상식이라고 말했다. 악어새로 알려진 이집트물떼새는 초식이라 악어 이빨에 낀 음식을 먹지 않고, 악어도 이빨이 잘 나고 잘 빠져서 청소할 필요 없다는 것이다.

개미와 진딧물처럼 상리공생 관계인 동물로 해삼과 숨이고기도 있다. 해삼은 항문에 있는 호흡수라는 기관으로 숨을 쉬는데 이 기관으로 숨이고기가 들락날락한다. 숨이고기는 몸 길이가 약 20센티미터의 가는 체구라 포식자로부터 자신을 보호할 피난처가 필요한데, 해삼이 그 역할을 해주는 것이다. 숨이고기가 드나들 때마다 깨끗한 물이 몸 안에 들어가고 더러운 물이 빠져나온다. 덕분에 호흡수에 깨끗한 산소가 공급된다.

"인간보다 자연이 훨씬 더 지혜롭다. 인간도 자연의 일부인데 이런 모습을 닮으면 참으로 살기 좋아질 것이다."

그는 기업들이 동물들의 상리공생을 닮으면 좋겠다고 했다. 오래 사업하다 보니 경쟁사를 말 그대로 경쟁 관계로만 대해서는 안 된다는 것을 체득했다는 것이다. 이런 철학을 가진 그는 해외에서 사업권을 따낸 경쟁사를 많이 협조해주고 있다.

그는 중동 국가로부터 사업을 수주받으려 했으나 실패했다. 행운은 경쟁사에게 돌아갔는데, 그는 경쟁사가 첫 해외 수주에서 차질 없이 사업을 마무리할 수 있도록 현장 경험과 노하우를 전수해주었다.

큰 기업일수록 '받는 것(take)'보다 '주는 것(give)'을 먼저 생각한다. 어렵게 사업을 일구면서 고생한 경험이 있기에 다른 사람의 사업체도 잘되었으면 하는 응원의 마음을 가지고 있다.

"어떤 사업체도 나 혼자는 해낼 수 없기에 타 기업과의 협력이 필요하다. 그래서 타인을 공감하고 이해할 줄 아는 경영자일수록 경쟁력이 나날이 발전한다."

과거 기업 간의 경쟁에서 승리하는 것을 미덕으로 여기던 시절이 있었다. 경쟁사보다 훨씬 더 뛰어난 기술을 개발하고 공개 입찰에서 경쟁사를 제치고 수주를 따내기 위해 혼신의 힘을 다했다. 그 결과 기업들은 끝이 보이지 않는 무한경쟁의 늪에서 출혈적 경쟁을 하다 상처투성이가 되었다.

그는 자신이 목격했던 사례를 이야기해주었다. 해외의 대형 건설 사업을 두고 경쟁을 벌이면서 A사는 온갖 수단을 동원해 B사의 입찰가와 부대 조건 등을 입수했다. B사를 반드시 이기기 위해 A사는 B사의 입찰가보다 더 낮은 가격과 훨씬 더 좋은 부대 조건을 준비했다. B사 역시 온갖 경로로 A사의 정보를 알아내고 그보다 더 파격적인 조건을 준비했다.

입찰 결과 B사가 승리했다. 기쁨도 잠시 B사는 사업 수행 기간 동안 스스로 낮춘 공사 금액과 부대 조건 때문에 자금난에 시달렸다. 간신히 공사를 마치고도 한동안 자금 압박으로 경영난을 겪어야 했다. A사 역시 해외 입찰 경쟁에서 제시한 조건이 업계에 퍼지면서 다른 공사 입찰에 참여할 때마다 번번이 발목을 잡혔다. 거래처들은 왜 자신들에게 그런 파격적인 조건을 제시하지 않느냐며 계약을 거절했다.

그는 기업들이 경쟁만을 우선시한다면 수단과 방법을 가리지 않고 이기려 할 것이고, 물어뜯고 아귀다툼을 벌이면서 경영 환경은 더욱 악화될 거라고 말했다.

"말에는 그 사람의 에너지가 담겨 있다. 상대방의 멸망을 바라는 말은 그 말을 내뱉은 나에게도 화가 되어 돌아온다."

그는 이런 마음으로 경쟁사들과 협력 관계를 유지했다. 진심으로 나를 돕고자 하는 사람에게 악하게 행동하는 사람은 거의 없다.

그의 도움을 받은 기업은 반드시 되돌려주었다. 그런저런 도움과 협력이 뭉쳐져 그의 기업은 더욱 규모가 커졌다.

성장하기 위해서라도 기업은 다른 기업들과 유기적인 협력 관계를 맺어야 한다. 경영자들은 서로 배우고 돕는 관계를 우선시해야 한다. 목표가 맞고 가치관이 같은 사람들과 서로 배우면서 벤치마킹을 통해 경쟁력을 쌓아야 한다.

구글과 삼성이 손을 잡는다면?

경쟁이 무조건 나쁘다는 의미는 아니다. 선의의 경쟁은 사람이나 기업이 성장하는 데 가장 좋은 수단이다. 그러나 경쟁만을 최우선 가치로 삼는다면 나와 상대를 포함한 기업 생태계 전반이 악화될 수 있다.

지금은 경쟁을 성장 동력으로 삼았던 과거의 습관에서 벗어나고자 하는 기업들이 늘어나고 있다. 세계 IT 시장의 양대 산맥인 애플과 구글은 신사업을 위해 손을 잡았다. 2020년 두 회사는 코로나19 확산 저지를 위해 개인정보보안 접촉자 추적(Privacy-Preserving Contact Tracing) 기술을 공동 개발했다.

구글은 삼성전자, HTC 등 전 세계 34개 휴대전화 관련 기업들과 협력하여 '개방형휴대전화연맹(OHA)'을 만들고 소프트웨어 플랫폼 안드로이드를 개발했다. 안드로이드가 애플의 iOS와 다른 점은 개방형 플랫폼이라는 것이다. 기반 기술을 공개했기 때문에 누구든지 안드로이드를 이용해 소프트웨어와 기기를 만들어 판매할 수 있다. 구글은 이런 전략을 통해 애플의 iOS보다 후발 주자인데도 전 세계 모바일 시장에서 두각을 나타내는 데 성공했다.

기업들이 서로 협력하는 이유는 기술 발전이 빠르게 이뤄지고 고객들의 취향도 시시각각 변화하고 있기 때문이다. 이런 시대 변화에 발맞출 수 있는 새로운 제품을 나 홀로 개발하기는 역부족일 수밖에 없다. 특히 자본과 시스템이 상대적으로 취약한 중소기업은 더욱 그렇다. 기업 관계가 경쟁 일변도로 흘러간다면 기술력이 있어도 규모에 밀린 기업들이 도태될 수밖에 없다.

2020년 일본 무인양품은 편의점 운영사 로손에서 제품을 판매할 것이라고 발표했다. 식료품이 주종목이었던 로손은 편의점 한편에 무인양품 생활용품 전용 코너를 갖추고 속옷, 화장품, 문구 등을 판매하기 시작했다. 무인양품이 로손의 손을 잡은 이유는 패밀리마트와의 상품 공급 계약이 종료되었기 때문이다. 자기 비용을 들여 매장을 확대하는 것보다 동네 곳곳에 있는 편의점에 입점하는 것이 훨씬 더 낫다고 판단했다. 로손은 일본 편의점계에서 선두를 다투는 세븐일레븐, 패밀리마트와의 경쟁에서 비교우위를 점하기 위해 무인양품과 협력했다. 두 회사는 앞으로 식품류를 중심으로 PB(Private Brand) 상품을 개발할 예정이다.

한편 세븐일레븐은 다이소 제품을 매장에서 팔기 시작했다. 잡화 품목에서 자체 브랜드를 이미 가지고 있는 세븐일레븐이 다이소와 협력하는 이유는 더 다양한 제품을 소비자에게 공급하기 위해서이다. 세븐일레븐은 다카라지마 출판사와도 협력해 한정된 기간 동안 초경량 코트를 판매했다. 이 코트는 다카라지마가 북유럽 브랜드 모즈와 협업으로 만든 것이다. 두 회사는 유튜브 채널에서 코트의 성능을 설명하는 영상을 공개하기도 했다.

편의점에서 쇼핑이 가능할 정도로 품목이 다양해지자 고객들의 만족도가 높아졌다. 기업들은 막대한 투자비용을 들여 신사업에 뛰어들지 않고 타사와의 협력으로도 매출 증대를 꾀할 수 있게 되었다. 싸워서 승리하거나 아니면 도태되거나 하는 양자택일의 기로만 있는 줄 알았던 기업들에게 또 다른 선택지가 생겼다.

기업 간 협력은 동종업계 혹은 이종업계 모두 가능하다. 동종업계와 협력하면 내가 미처 몰랐던 업계 정보를 공유할 수 있다. 서로의 특장점을 발견해 경쟁력 제고에도 도움을 준다. 이종업계와 협력하면 기존에 해보지 못했던 새로운 영역에 도전할 수 있다.

골목식당들이 시너지를 내는 법

여러 기업들이 협력 관계를 통해 시너지를 내고 있으나 경쟁심을 내려놓기는 말처럼 쉬운 일이 아니다. 위의 사업가는 경쟁심을 내려놓는다고 도태되는 게 아님을 강조했다.

내가 운영하는 학원도 주변의 학원들과 경쟁 관계에 있다. 그 건물에만 다섯 곳의 영어학원이 새로 생겼다. 떡볶이 타운, 가구 타운처럼 같은 분야의 사업장이 같은 장소에 모여 있기 마련이다. 그래서 다른 영어학원들과 치열하게 경쟁해야 한다는 생각도 하지 않았다. 학원에서 밖을 내려다보면 아이들이 신호등을 건너 옆 학원으로 들어가는 모습이 보인다. 그래도 부러워하지 않고 그 아이들이 옆 학원에서 공부를 잘하면 좋겠다고 기도한다. 나도 노하우를 배워서 우리 학원도 잘될 거라는 믿음을 가지고 있다.

시간이 지나 학원 수강생이 늘어난 어느 날 옆 학원 원장님이 환갑을 맞이했다는 것을 알고 찾아가 꽃다발을 선물했다. 그분은 자신의 학원 학생들이 내가 운영하는 학원으로 옮겨 가는데도 괜찮다며 학원 운영 노하우를 아낌없이 전수해주었다. 내가 마음속에 품은 에너지가 그분에게 흘러갔는지도 모르겠다.

누군가를 밟고 일어서려는 마음이 있다면 내 일이 잘될 리 없다. 반대로 경쟁자라 하더라도 더불어 살아가는 이웃으로 여기고 잘되길 빌어준다면 선한 에너지가 내게도 좋은 영향을 끼칠 것이다.

많은 소상공인들이 한 골목에 같은 종목의 가게가 생길 때마다 걱정한다. 치킨집 옆의 치킨집, 카페 옆의 카페, 떡볶이집 옆의 떡볶이집인 것이다. 작은 골목에서 같은 종목이 모여 있으면 영업하기 힘들다는 인식이 있다. 나는 서로 협력하면 이 문제를 해결할 수 있다고 생각한다. 예를 들어 치킨집이라면 A가게는 갈릭 전문, B가게는 매운맛 전문, C가게는 훈제 전문 등 차별점을 협의하는 것이다. 가게마다 각자의 경쟁력을 갖추고 서로 협의해서 겹치지 않는다면 모두 윈윈할 수 있다. 고객 입장에서는 그때그때 입맛에 맞춰 골라 먹을 수 있어서 좋고, 소상공인들은 가격을 자꾸 낮추면서 출혈 경쟁할 필요 없다.

나는 근처 영어학원들과 잘 지낸다. 새로운 학원이 생기면 두루마리 화장지를 들고 찾아가 인사한다. 학원 원장들과 정기적인 모임도 갖는다. 그 모임을 통해 서로의 특징과 경쟁력을 발견해준다. A학원은 초등학생 전문, B학원은 중고생 전문, C학원은 셔틀버스 운행이 강점, D학원은 에세이 전문, E학원은 회화 전문, 이런 식이다. 서로 협의한 내용을 바꾸어야 할 때는 미리 양해를 구한다. 우리 학원가를 찾아주는 고객들은 저마다 다른 특징을 가진 학원들을 자신의 필요에 따라 선택한다.

기업가들과 소상공인들이 상생하기 위해서는 서로 협의할 수 있는 창구가 필요하다. 정기적인 모임을 가지고 협의를 주관하는 사람을 둔다면 공존 방안을 찾는 데 큰 도움이 될 것이다.

신기한 것은 주변에 학원이 점점 늘어나는데도 학생 수는 늘 일정하게 유지된다는 것이다. 나와 직원들이 월급을 가져갈 만큼 수익을 얻고 있다. 나 홀로 잘살겠다고 남을 해치면서까지 악다구니칠 필요 없다.

04

부자들의 일순위, 시간과 사람

부를 끌어당기는 목소리

"이 차장은 충청도 사투리가 심하네. 사투리를 없애야 성공하지."

내가 인생 멘토로 생각하는 기업가의 난데없는 말이었다. 사투리와 성공이 무슨 상관이냐는 물음에 그는 사투리가 안 좋다는 의미는 결코 아니라고 했다. 사투리도 매력적이고 고향 사람을 만나면 반갑기도 하다. 그런데 바로 그 매력적인 것이 문제라고 한다.

"내가 말을 하면 상대방이 내 의도를 곧바로 이해할 수 있어야한다. 그런데 사투리가 섞이면 어감이 워낙 귀를 잡아끌기 때문에 상대방은 사투리에 신경 쓰다가 말의 의미를 놓칠 때가 많다."

상대가 내 의사를 받아들이는 데 방해가 된다면 사투리는 군더더기나 다를 바 없다는 것이다. 그는 내게 표준말을 구사할 수 있도록 말투를 교정하고, 상대방이 내 말의 의미에 집중할 수 있도록 말하는 법을 훈련해보라고 권했다.

정확한 발음은 의사 전달에서 매우 중요하다. 아나운서의 뉴스 보도를 경청하는 것은 그들의 발음이 정확하기 때문이다. 아나운서들은 목소리 크기가 적절하고 강약과 속도감을 조절하여 의사 전달을 극대화한다. 중요하지 않은 부분은 빠르게 말하고 중요한 지점에서는 속도를 늦추면서 강조하듯 힘을 준다. 단정하고 정확한 발음은 그 사람을 신뢰하게 만들고 메시지에 집중하게 만드는 효과가 있다.

그는 자신 역시 사투리를 교정하려고 스피치를 배운다면서 자신이 메모했던 것들을 줄 테니 공부해보라고 독려했다. 사투리가 정확한 의사소통을 방해할 수 있다는 의견에 100% 공감하기는 어려웠지만 일면 수긍하는 측면이 있었다. 그동안 나는 말투가 강하다는 지적을 받아왔다. 내 말의 의미보다 억양이 더 튀어서 아쉬울 때가 많았다. 경제인들과 만나 대화를 나눌 때 가장 큰 목소리의 주인공은 항상 나였다.

내가 만난 경제인들은 목소리 톤을 높이는 법이 없었다. 늘 조곤조곤 속삭이듯 말했다. 스피치에서는 '솔' 톤이 듣기에 좋다고 가르치는데, 경제인들의 톤은 그것보다 더 낮은 중저음이다. 듣는 이가 불편하거나 신경이 분산되지 않는 차분한 어조이다. 비속어 사용도 거의 없다. 누군가 마음에 안 드는 표현을 하면 조용히 "저런 건 본받아서는 안 돼"라고 속삭인다.

말하는 속도도 조급하지 않다. 시속 60킬로미터 정도라고 할까? 흥분하면 시속 80킬로미터를 훌쩍 넘나드는 나에 비해 상당히 안정적이다. 내 목소리는 너무 가벼워 신뢰감을 전달하기 어렵다는 의견도 있었다.

경제인들을 따라 나도 스피치 훈련을 받았다. 안타깝게도 내 목소리는 잘 교정되지 않았지만 그들은 훈련받은 만큼 변화했다. 위의 사업가는 시옷 발음을 자연스럽게 할 수 있도록 각별히 공을 들였다. 경제인들이 선호하는 목소리는 밤 9시 뉴스를 진행하는 남자 앵커였다.

사회적으로 성공했다는 평가를 받는 이들은 말 잘하는 법에 관심이 많다. 마음이 태도로 드러난다고 믿기 때문에 상대에게 좋은 인상을 주기 위해 발음, 억양, 어조는 물론 이야기를 짜임새 있게 구성하려고 애쓴다.

기자 시절 취재를 위해 법원을 출입하면서 알게 되어 지금까지 친분을 유지하고 있는 판사 한 분이 있다. 나는 그에게 인사하는 법을 배웠다. 그는 내게 상대방을 집중시킬 수 있는 자기소개법 5단계를 알려주었다.

1단계 안녕하세요? 저는 이경애입니다. 용산에서 남편과 딸 하나와 함께 살고 있습니다.(자기소개 1—이름, 사는 지역, 간략한 가족관계)

2단계 저는 영어학원 원장이며 ○○대학교 연구원으로 일하고 있습니다.(자기소개 2—하는 일)

3단계 제가 선생님을 뵙고자 하는 이유는 선생님이 우리나라에서 최초로 ○○사업을 하셨기 때문입니다.(만남의 목적 1—내가 인식하는 상대방)

4단계 저는 선생님의 사업에 관심이 있어 가르침을 받고 싶습니다.(만남의 목적 2—만남의 직접적인 목적)

5단계 선생님의 가르침을 활용하여 제가 계획하는 ○○을 이루고자 합니다.(만남의 목적 3—만남을 통해 궁극적으로 달성하고자 하는 목표)

자기소개를 5단계로 정리한 이유가 있다. 첫 인사에서 불필요한 말을 넣지 말라는 것이다. 상대가 나를 어떻게 느낄지는 첫 인사에 달렸는데 군더더기와 다를 바 없는 말을 집어넣는 사람들이 많다. 차가 많이 막혔는데 이 동네는 원래 그런가요, 회사가 생각보다 커서 놀랐어요, 이런 말들은 긍정적인 첫인상에 아무런 도움이 되지 못한다.

내가 하고 싶은 말이 아니라 상대가 나에 대해 알고 싶은 정보를 핵심만 간추려 간단명료하게 전달해야 한다. 또한 아무리 어리고 경험이 부족하더라도 당당한 태도를 유지해야 한다. 큰 성공을 거둔 사람들을 보면 이런 자기소개 능력이 뛰어나다.

가르침을 받은 대로 자기소개를 한 후부터 달라진 점이 있다. 사람들이 찾아와서 나와 자신의 공통점을 말해주며 친밀감을 표시하는 것이었다. "용산에 사시는군요", "저는 서빙고에 살아요", "영어학원을 운영하시는군요", "저는 수학학원을 운영합니다" 이렇게 말하는 사람들과 나 역시 낯설음과 거리감을 좀 더 빨리 걷어낼 수 있었다. 그들이 먼저 나와의 접점을 찾는 것이었다.

운을 끌어당기는 접근법

큰 성공을 거두고 부를 축적한 이들의 태도를 보면 부는 공짜로 주어지는 게 아니라는 사실을 깨닫는다. 그들의 태도는 오랜 시간 많은 노력을 통해 갖춰진 것이다. 성품은 타고나도 태도는 후천적 학습을 통해 얼마든지 만들어갈 수 있다. 반드시 해낼 수 있다는 긍정적인 태도로 노력을 거듭해야 부자가 된다. 세상이 나를 도와주지 않는다고 비관할 필요 없다.

부자들 중에 커다란 실패를 경험한 이들이 많다. 이들은 험한 가시밭길 속에서도 긍정적인 자기암시를 멈추지 않았다. 당당하게 행동하고 늘 웃는 얼굴로 정확하고 또렷하게 말한다. 상대에 대한 존중과 배려가 살아 있다. 자신과 직접적인 이해관계가 없어도 친절을 베푼다.

이런 태도를 갖춘 사람을 좋게 평가하지 않을 수 없다. 사업을 할 계획이라면 주위로부터 어떤 평가를 받는지가 중요하다. 저 사람은 믿을 수 있겠다는 인식이 퍼지면 함께 일할 파트너가 늘어난다. 성공 가능성이 넓어지는 것이다. 운이 부족하면 끌어당기면 된다. 좋은 태도가 운을 끌어오고 그 운이 삶을 바꾼다. 이런 선순환에서 가장 중요한 것은 훌륭한 태도이다.

05

부자들은 어떤 사람을 곁에 두는가?

오래 이익을 가져다줄 사람

최근 결원이 생긴 중간관리자를 뽑는데 경력이 좋은 지원자들이
많아 그중에 누굴 뽑아야 할지 고민하는 대표가 있었다. 그들 중에
는 경쟁사 직원도 있었는데 3차 임원 면접 때 회사에서 진행 중인
프로젝트의 핵심 기술에 대해 설명했다고 한다. 경쟁사의 신사업
이 궁금했던 임직원들은 그 직원을 채용하면 경쟁사의 프로젝트를
무력화할 방안을 찾아낼 수 있다고 했다. 이 말에 대표는 노발대발
했다. 경쟁사 대표와 친분이 있었던 것이다.

"내 눈앞에서 누군가에게 칼을 꽂는 사람은 언젠가 내게도 그럴

수 있다."

대표는 내 옆에서 오래 함께할 직원들은 무엇보다 신뢰할 만한 사람이어야 한다고 했다. 따라서 당장 눈앞에 이익을 가져다준다고 해서 덥석 손을 잡는 것은 위험하다. 경쟁사의 정보를 얻으려고 그 직원을 받아들이면 그는 산업 스파이가 되고 회사 역시 의심을 받는다는 것이었다.

그는 경쟁사 직원의 발언이 선을 넘었다고 평가했다. 직장인이라면 회사를 옮길 수 있다. 그러나 이전 회사의 기밀을 옮기는 것은 금물이다. 평소 회사에 불만이 많았더라도 그 회사에 고의적으로 해악을 끼쳐서는 안 된다. 많은 사람들이 생계를 꾸려가는 회사이기 때문이다. 자신의 이익이나 감정에 매달려 함부로 입을 여는 사람을 어떻게 믿을 수 있을까? 그런 행동을 용인한다면 나중에 같은 방법으로 내게도 칼을 휘두를 것이다. "입을 지키는 자는 자기의 생명을 보존하지만 입술을 크게 벌리는 자에게는 멸망이 오느니라(잠언 13:3)"는 성경 구절을 기억해야 한다.

언제나 말을 조심해야 한다. 해서는 안 될 말을 하는 사람, 무의미한 말을 늘어놓는 사람, 말수가 지나치게 많은 사람은 경계해야 한다. 누구를 만나든 쓸데없이 장황하게 말하지 말고, 질문에 답변했거나 끝났다면 뒤늦게 첨언하지 않도록 한다. 말이라는 것은 길게 할수록 말썽의 소지가 있다.

그렇다면 많이 해도 좋은 것은 무엇일까? 바로 잘 듣는 것이다. 큰 부를 이룬 경영자들일수록 잘 듣기 위해 노력한다. 삼성의 창업자 이병철 회장은 아들 이건희 회장에게 '경청(傾聽)과 목계(木鷄)'라는 휘호를 남겼다. 빼어난 글씨체의 소유자로 서예를 즐겼던 이병철 회장은 기업을 물려받을 아들에게 평생 좌우명으로 삼을 말을 골라 한자 한자 정성을 다해 썼을 것이다.

"상대의 말을 주의 깊게 들으며 진심과 의도를 끄집어내야만(傾聽) 상대방을 설득해 움직일 수 있다. 어떠한 싸움닭이 덤벼도 흔들리지 않는 나무 닭(木鷄)의 초연함과 의연함은 리더의 권위를 만들어낸다."(〈동아일보〉, 2020. 10. 27.)

경청이 경영자들의 덕목이 되는 이유가 뭘까? 이것은 단지 상대방의 말을 듣는 행위가 아니다. 표면적인 언어 밑에 내재된 의미, 상대가 그런 말을 한 의도와 정서까지 들여다보는 것이다. 경청을 수동적 혹은 무비판적으로 상대의 의견을 받아들이는 것으로 오해해서는 안 된다.

경청은 상대방을 존중하는 마음가짐이 있을 때 가능하다. 얕잡아 보거나 무시하는 마음으로는 할 수 없는 행위다. 그래서 경영자들에게 강조되는 덕목이다. 회사에서 가장 높은 지위와 권위를 가진 경영자들은 본질적으로 다른 사람들의 말을 경청하기 어렵다. 듣기보다는 말하기가 쉬우며, 듣기 좋은 꽃노래에 둘러싸일 수 있다. 타인의 의견에 귀 기울이기보다 자기 의견을 강압하려 하고, 자기 의견에 반하는 말보다 달콤하게 동의하는 말을 선호하기 쉽다. 위의 대표는 경영자들은 늘 듣는 훈련을 해야 하고 자신이 더 많은 말을 하겠다는 생각을 애초에 버려야 한다고 강조했다.

이병철 회장이 남긴 또 하나의 휘호, 목계는 왜 중요할까? 이 말은 《장자(莊子)》〈달생편(達生篇)〉에 나온 싸움닭 이야기에서 유래되었다. 중국의 어느 왕이 투계를 좋아해서 기성자란 사람에게 닭을 맡기며 최고의 투계로 만들어달라고 했다. 열흘이 지나 왕이 기성자에게 닭이 잘 싸울 수 있게 훈련되었냐고 묻자, 기성자는 아니라며 "닭이 강하지만 교만합니다. 교만을 이기지 않는 한 최고가 될 수 없습니다"라고 답했다. 다시 열흘이 지나 왕이 또 물었고 기성자는 "교만함은 버렸는데 상대방의 소리와 그림자에 쉽게 반응합니다. 조급함을 버리지 않는 한 최고가 될 수 없습니다"라고 답했다. 또다시 열흘이 지나 왕의 물음에 기성자는 "조급함은 버렸는데 상대 닭을 바라보는 눈초리가 너무 공격적입니다"라고 답했다. 그로부터 열흘이 더 지난 후 기성자는 왕의 물음에 비로소 이렇게 말했다.

"이제 되었습니다. 상대 닭이 아무리 소리를 질러도 반응하지 않습니다. 마치 나무로 조각한 목계처럼 말입니다. 어떤 닭과 싸워도 도망가게 만들 것입니다."

이병철 회장이 어떤 의미를 아들에게 전하고 싶었는지 짐작할 수 있다. 경영자들은 겸손한 자세로 타인의 의견에 귀 기울일 수 있어야 한다. 그러려면 자신이 최고라는 교만함, 상대의 작은 움직임에도 반응하는 예민함, 드러내놓고 상대를 꺾고자 하는 공격성을 내려놓아야 한다.

경영자라는 위치로 인해 가질 수 있는 심리를 경계하고 목계처럼 평정심을 유지하기를 바랐던 것이다. 이런 가르침으로 이건희 회장은 평소에 감정적 동요를 잘 보이지 않았다고 한다. 회의 때는 다른 사람들의 말을 경청하고, 감정이 들어간 말보다는 팩트 위주의 보고를 하도록 했다. 삼성이 세계적인 초일류기업이 된 것은 선대부터 이어진 기업가 정신이 오늘날까지 이어져왔기 때문일 것이다.

진정한 조언자가 한 명은 필요하다

경제인들이 참석한 조찬 모임에서 작은 소란이 벌어졌다. 한 대기업의 중견 관리자가 어떤 사업을 하면 좋을지 묻는 질문을 놓고 설

왕설래가 이어진 것이다.

경영자들은 질문을 중요하게 여긴다. 질문은 뭔가를 알기 위한 적극적 행위이므로 질문을 받았을 때 진중하게 응대하려고 노력하고, 질문을 잘하는 사람들을 높이 평가한다. 그런데 잘못된 질문을 받으면 그런 마음이 싸늘하게 가라앉는다.

그들이 싫어하는 질문은 중견 관리자처럼 스스로 알아내야 하는 것을 타인에게 묻는 것이다. 경영자들은 사업과 자신의 정체성을 일치시킨다. 현재 하는 일과 재능을 살려서 사업을 해야 하는 만큼 다른 사람에게 물어볼 일이 아니라는 것이다.

큰 부자들은 타인의 충고에 맹목적으로 의지하지 않는다. 한 발 더 나아가 타인의 충고를 무시하라고까지 말한다. 이 말의 의미는 경청이 주요 덕목인 경영자로서 남의 말을 듣지 않겠다는 뜻이 아니다. 자기 주관 없이 타인의 의견을 추종하지 말라는 의미다. 그것도 나를 잘 알지 못하는 타인에게 중요한 결정권을 넘겨서는 안 된다는 것이다. 앞에서 말한 대표는 조언을 듣기 위해 많은 사람들이 자신을 찾아오지만 충고해주지 않는다고 했다.

"누군가의 피드백을 신경 쓰고 살아간다면 성공의 걸림돌이 될 수 있다. 피드백에 개의치 않을수록 창의성은 올라가기 때문이다."

경영자들은 누구보다 신중하게 사람을 대한다. 자신의 지식과 경험을 나누는 것을 즐기지만 인생의 향배를 결정하는 조언은 아무에게나 해주지 않는다. 사람마다 환경과 상황, 여건, 지향하는 목표 등이 모두 다르기 때문에 함부로 조언할 수 없다는 것이다. 어떤 일이든 결정하려면 모래알처럼 많은 경우의 수가 있는데 일면식도 없는 타인이 어떻게 답해줄 수 있을까? 좋은 조언을 하더라도 상대가 그것을 받아들이지 못하면 소용없다. 그렇기에 섣불리 조언하지 않는 것이다.

그렇다면 조언을 구하고 싶을 때는 누구에게 묻는 것이 좋을까? 가장 훌륭한 조언자는 부모, 배우자, 친구, 동료, 상사, 즉 나를 잘 아는 사람들이다. 경영자들은 같은 일을 하는 동료 사업가들에게 의견을 묻는다. 자기 주관을 유지하면서 피가 되고 살이 되는 조언을 해줄 사람을 찾아 그의 말을 경청한다. 경쟁자라 해도 사심 없이 조언을 청한다. 이들은 창조적인 생각에 집중할 뿐 경쟁 구도에는 큰 관심이 없다.

분초를 다툴 정도로 바쁜 그들이 조찬 모임이나 골프 모임에 나가는 이유는 네트워크를 유지하기 위해서이다. 기업을 운영하는 과정에서 맞닥뜨리는 각종 문제에 대한 해법과 지혜를 얻으려면 사람만 한 열쇠가 없다. 사람은 경험과 지식을 축적한 살아 있는 도서관이다. 그래서 경영자들은 자신이 존중할 만하고 오랫동안 동행하고 싶은 이들과 네트워크를 구축하고 유지하는 데 시간을 투자한다.

훌륭한 조언자를 곁에 둔 경영자들은 큰 성공을 거둘 수 있다. 애플의 스티브 잡스와 구글의 에릭 슈미트는 빌 캠벨과 오랫동안 함께했다. 캠벨은 컬럼비아대학교 미식축구 선수 출신으로 월터 톰슨이란 광고회사에서 일하다 실리콘밸리에 입성하게 되었다. 코닥 임원, 애플 마케팅 부사장, 인튜이트 회장 등 여러 회사 요직을 거쳤으며 세계적으로 유명한 기업 CEO들과 일하면서 그들이 올바른 결정을 내리도록 영향력을 발휘했다.

캠벨은 1997년 애플 이사진에 합류해 스티브 잡스와 가깝게 지냈다. 스티브 잡스가 애플에서 쫓겨났을 때 이에 항의하며 자기 자리를 내던졌다. 나중에 잡스가 다시 애플로 복귀한 후 그를 도와 회사를 성장시켰다. 잡스는 매주 일요일마다 캠벨과 산책하면서 그의 의견을 경청했다. 잡스가 암 판정을 받은 후에도 캠벨은 꾸준히 그의 집에 왕래하면서 잡스의 곁을 지켰다.

2000년 제프 베이조스가 아마존에서 해임되려고 할 때 캠벨이 이사회를 설득해서 위기를 극복할 수 있었다. 2004년 구글 CEO로 일하던 에릭 슈미트가 이사회와의 마찰로 인해 퇴사를 고민할 때 캠벨은 "구글은 여전히 당신을 필요로 한다"면서 만류했다. 덕분에 슈미트는 구글에 남기로 결정하였고 오늘날의 구글을 만들었다.

슈미트는 캠벨이 없었다면 애플과 구글 모두 지금의 영광을 얻지 못했을 거라고 말했다. 그는 어떤 상황에 맞닥뜨릴 때마다 '빌이라면 어떻게 할까'라고 생각한다고 한다.

캠벨이 CEO들에게 알려준 것은 무엇이었을까? 사람의 중요성, 팀워크, 협력, 부하직원들을 성장시키는 리더십 등이다. 회사를 성장시키는 방법과 아울러 직원들의 삶을 행복하게 만드는 방법까지 고민했던 사람이다. 그가 코칭한 기업들마다 1조 달러의 매출을 돌파해서 1조 달러 코치로 불리기도 했다. 75세의 나이로 사망했을 때 마크 저커버그, 제프 베이조스, 팀 쿡, 세르게이 브린 등 거대 IT 기업들의 수장이 한자리에 모여 그를 애도했다. 가히 '회장님의 스승'이라고 부를 만했다.

빌 캠벨 이야기는 우리가 어떤 사람을 곁에 두어야 하는지를 생각하게 한다. 살면서 수많은 이들과 마주치지만 그중에서도 나를 성장시켜주는 사람은 따로 있다. 그런 사람을 찾아서 유대 관계를 유지하는 것이 중요하다. 가치 있는 조언을 해주는 조력자를 오래도록 곁에 둘 수 있다면 성공으로 향하는 유리한 고지를 점한 것이나 다름없다.

06

부자들이 돈을 쓰는 사람이 돼라

3가지를 배울 수 있는 사람과 만나라

대한민국에서 내로라하는 사업가들과 친분이 있다고 과시하며 주위의 부러움을 사는 사람이 있다. 사람들이 서로 회장님을 소개해 달라고 부탁하고, 사업상 파트너십을 구축할 때도 그러한 인맥이 유리하게 작용했다. 사회적으로 잘 알려진 이들이나 큰 부자들과의 친분을 과시하는 이유가 무엇일까? 한 기업 대표는 부자에 대한 막연한 기대감 때문이라고 추측했다.

"부자를 맹목적으로 추종해서는 안 된다. 나를 부자로 만들어줄 사람은 오로지 나 자신뿐이다."

사람들은 부자가 되고 싶어서 부자들과 어울리고 싶어 한다. 부자들이 내게 뭔가 이익을 베풀어줄 거라는 막연한 기대를 하는 것이다. 이런 기대감 때문에 부자가 어떤 부탁을 하면 자신에게 손해가 되더라도 들어주려 하고 기꺼이 심부름꾼을 자처하기도 한다.

부자들을 따라다닌다고 해서 내가 부자가 될 수 있는 것이 아니다. 부자들이 나를 부유하게 만들어줄 리 없고 자신들의 이익을 나눠줄 리 없다. 부모 형제도 아닌 타인에게 그런 행운을 줄 리 있겠는가. 기업 대표는 진심을 주고받으며 인간적인 관계를 형성하는 것은 언제나 환영하지만 맹목적인 추종을 반기는 부자들은 없다고 못 박았다.

사람들은 부자라고 하면 일단 호감을 표시하고 아낌없이 지갑을 연다. 정작 부자는 돈을 쓰지 않는다. 대표는 이런 말을 했다.

"여러 사람들이 모인 첫 만남에서 누가 밥값을 내는지 보게. 큰 부자들은 돈을 안 내. 지갑을 꺼내는 시늉조차 하지 않아."

부자보다 경제적 형편이 더 안 좋은 이들이 비싼 지갑, 두둑한 현찰을 가지고 다닌다. 명품 가방과 옷, 차를 과시하고자 애쓴다. 과시욕은 부자가 아닌 사람들에게서 더 많이 발견된다. 대표의 말을 들은 후 모임에 가서 사람들을 관찰해봤다. 그의 말이 맞다는 것을 확인할 때마다 서글퍼졌다.

대표는 소모적인 인간관계는 과감하게 정리하는 것이 좋다고 했다. 부자들은 본능적으로 상대가 자신에게 바라는 것이 있음을 감지하고 그런 이들과의 만남은 피한다. 수많은 이들과 늘상 만나는 그가 (만남의 숫자에 비하면) 턱없이 적은 친분 관계를 유지하는 이유는 의미 없는 만남에 시간과 에너지를 소모하고 싶지 않기 때문이다.

대표는 돈을 많이 벌고 싶고 성공하고 싶은 욕심이 있다면 그에 상응하는 노력을 해야 하고, 자신보다 뛰어난 이들에게 배우려는 자세가 중요하다고 했다. 그저 유명 경제인을 만났다는 사실만을 자랑하는 것은 아무 쓸모 없는 허세일 뿐이다.

"어떤 배움을 얻었는지가 가장 중요하다. 그런 배움이 없다면 무엇 때문에 만남을 갖겠는가. 무엇을 배웠고 그로 인해 자신이 달라진 점 3가지를 적을 수 있다면 성공적인 만남이다."

성공하고 싶은 사람일수록 배움이 있는 만남을 추구해야 한다. 성공한 사람들이 자기 경험을 통해 얻은 전략과 전술을 배워야 한다. 선험자에게 시행착오를 줄이거나 변수에 대처하는 법을 배울 수 있다.

배울 점이 있는 사람을 찾아가 진정성 있는 인간관계를 맺어야 한다. 상대가 원하는 것은 무엇이고, 내가 해줄 수 있는 것은 무엇일까? 2가지 질문을 가슴에 품고 상대에게 다가설 때 진심을 전할 수 있다. 고작 인사 한 번, 눈 맞춤 한 번으로 친분과 신뢰를 형성했다고 할 수는 없다. 진심을 전하려고 노력해야 한다.

만남에 앞서 그 사람이 어떤 사람인지 알아보는 것은 필수이다. 요즘처럼 SNS가 생활화된 시대에 상대방에 대한 정보를 알아보기는 어렵지 않다. 어떤 일을 하는지, 어떤 사회적 활동을 하는지, 즐기는 취미가 있는지, 그의 회사는 어떤 사업을 하는지 등을 살펴본다. 첫 만남에서 기본적인 질문을 한다는 것은 상대를 잘 모른다고 말하는 것이나 다름없다. 나에게 아무 관심 없는 상대와 진심을 주고받을 사람은 없다.

그는 조찬 모임에서 미래 산업을 주제로 몇 차례 강연한 적이 있다. 나는 그의 강연을 빠짐없이 듣고 꼼꼼하게 메모했다. 그의 SNS에 올라온 강연 알림 게시글에 가장 먼저 리뷰를 달았다. 그는 내 글에서 정성과 진심을 느꼈다면서 고마움을 표했다.

다른 이들에게도 마찬가지다. 나는 지인이 책을 내거나 강연한다는 소식을 들으면 맨 먼저 리뷰를 쓰고 이메일을 보낸다. 모르는 사람이라 해도 감명 깊게 읽었다면 어떻게 해서든 연락처를 찾아 연락한다. 어떤 마음으로 당신의 강연 혹은 책을 봤다, 이러저러한 내용으로 감동을 받았고, 나는 앞으로 어떻게 살아갈 것이다, 하고 써서 보내면 답장이 온다. 이런 리뷰는 처음 받아본다, 감동적이라는 화답이 대부분이다. 무작정 '너무너무 좋아요'라는 환호보다 왜 좋은지 이유를 논리적으로 설명하면 상대가 더욱 감동한다. 진심에 논리를 더하면 진정성이 더욱 배가된다.

출판사에 전달한 내 감상문이 저자에게 전달되어 만난 적도 있다. 그 저자는 진지하게 이야기를 들어주었다. 내가 먼저 진심으로 다가가면 상대도 같은 모습으로 다가온다. 이렇게 만남을 가진 이들은 기꺼이 나의 멘토가 되어준다.

내 주위에 누가 있는지부터 점검하라

부자들은 사람을 신중하게 가려서 사귄다. 그들은 자신보다 수준 높은 사람을 만나고 싶어 한다. 대개의 사람들은 동년배, 비슷한 직급의 사람을 가장 편하게 여긴다. 사원은 사원끼리, 관리자는 관리자끼리 만남을 선호한다. 고민과 공감대가 같기 때문이다. 반면 부자는 자신보다 최소 한 단계 더 높은 사람을 만나려고 노력한다.

"부자들의 시선은 항상 위를 향해 있다."

부자들은 배움을 중요하게 생각하므로 성장에 도움이 되는 사람을 만나려고 한다. 자기 일에서 높은 성취를 이룩한 사람에게는 적극적으로 다가가 네트워크를 형성하고 조언을 구한다.

대표는 항상 배울 점이 많은 이들과 어울리라고 조언했다. 그는 내게 대한민국 상위 0.1% 부자들과의 모임을 권하기도 했다. 반드시 회원의 추천을 받아야 들어갈 수 있는 모임이다. 대표의 권유로 한 번 참석한 적이 있는데 대화 주제부터 나와 거리가 멀었다. 드라마나 소설에서 나올 법한 상황 같았고 머나먼 안드로메다의 이야기처럼 느껴지기도 했다.

이들은 비즈니스 모델, 실현 방법, 필요한 정보 등을 주고받았고, 전 세계 경제인들의 일상을 한 동네 이웃처럼 파악하고 있었다. 한국어로 대화하는데도 못 알아듣는 내용이 많았다. 안면이 있는 분들도 있었지만 개별적으로 만날 때와 느낌이 달랐다. 그 모임에는 더 이상 나가지 않았지만 일에서 성취를 위해 어떤 네트워크를 구축해야 하는지 알게 되었다.

성공하고 싶은 사람들은 자기 주변에 누가 있는지를 점검해볼 필요가 있다. 습관적으로 어울리는 사람들이 우리 인생의 성패를 결정할 수 있다. 상호 간에 도움이 되고 진심을 주고받는 만남인지, 무의미한 신변잡기에 치중한 만남인지, 심지어 유무형의 해악을 미치는 만남인지를 살펴보고 두 번째와 세 번째라면 관계의 판을 바꿔야 한다. 계속 발전하는 나를 과거의 틀 안에 가두는 사람도 좋지 않다. 미래를 바라보고 계획하는 데 조언을 해줄 수 있는 사람을 가까이하는 것이 좋다. 같은 관심사를 가지고 있고 계속 배우고 성장하려는 사람과 관계를 이어가야 한다.

부를 생산하는 긍정 네트워크

나를 성장시켜줄 사람과 아울러 멀리할 사람도 알아볼 줄 알아야 한다. 상대가 잘되면 질시하는 사람, 서로 협력하고 조화를 이루기 어려운 사람은 신뢰할 수 없다. 자기만 잘난 사람, 칭찬해줘야 대화에 참여하는 사람, 상대의 감정을 해치는 말을 서슴없이 하는 사람, 상대에게 선의를 요구하면서 정작 상대를 만만하게 보는 사람, 스스로에게는 너그럽고 상대에게는 엄격한 사람, 자신이 옳다고 여기며 상대를 눌러야 만족하는 사람들을 만나서는 안 된다.

대표는 누구에게나 빈정거리는 투로 이야기하는 어느 회사 대표의 이야기를 들려주었다. 그런 말투 때문에 직원들이 힘들 거라고 생각하던 터에 그의 입에서 자기 회사 직원이 자살했다는 이야기가 나왔다. 남 얘기하듯 말하는 그의 태도에 몹시 충격받았다고 한다. 평소 과도한 업무를 밥 먹듯이 시키고 직원들의 어떠한 건의도 묵살해버렸던 것이 원인이라고 추측했다.

기업인들은 타인을 행복하게 해줘야 할 사명이 있으며, 직원들과 협력해서 회사를 발전시키는 한편 직원들의 삶의 질을 개선하기 위해 노력해야 한다. 자신이 수행해야 할 의무는 안중에도 없고 자기가 원하는 것을 타인에게 강압하는 사람은 교류할 가치가 없다.

"만남은 양이 아닌 질이다. 친구를 많이 두려고 할 필요 없다. 만나고 나서도 기분이 좋지 않거나 불편하거나 조마조마한 사람, 내 자존감을 떨어뜨리고 기가 빠지게 하는 사람은 만나서는 안 된다."

만나는 시간이 아깝게 느껴지는 사람은 쉽게 알아챌 수 있다. 만남 후 헤어져 집으로 돌아갈 때 발걸음이 가벼우면 좋은 사람이고, 정반대이면 내 시간을 좀먹은 사람이다. 이런 사람들과는 자연스럽게 멀리하는 것이 좋다. 한두 번 거절하다 보면 연락이 끊어지게 된다. 대표는 전화번호를 바꿔서라도 인연을 끊어야 한다고 강조했다.

대표는 이득을 얻겠다는 목적으로 인맥을 만들려는 사람도 피하라고 했다. 사람 속을 들여다볼 수는 없지만 이득을 얻으려는 의도로 접근하는 이를 반드시 구별해내야 한다는 것이다. 이것 무조건 대박이다, 수익률이 상당하다는 말을 하며 자신의 재력이나 인맥을 과시하는 사람은 위험하다. 사업을 하면서 자기 명의로 돈 거래를 하지 못하는 사람은 사기꾼일 가능성이 농후하다. 이런 사람들의 번지르르한 말에 휘말리다 보면 탈이 나기 마련이다.

과거에 나는 전 재산을 사기당한 적이 있다. 그 사람은 나와 친했던 지인에게 접근해서 먼저 그의 마음을 얻는 데 공을 들인 다음 내 정보를 알아냈다. 지인은 그를 좋게 평가했기 때문에 나에게 소개해주었다. 그는 나를 만난 자리에서 아낌없이 돈을 썼다. 친밀감이 두터워졌을 무렵 내게 훌륭한 투자처가 있다며 귀띔했다. 평소 내가 관심을 가지고 있었던 영역이었다. 당시 내가 가진 돈 외에 대출을 더 받고 친정 부모님에게도 돈을 빌려서 투자했다. 전 재산보다 투자금이 더 많았으니 상당히 무리한 것이었다. 하지만 내가 투자한 돈은 흔적도 없이 사라졌다. 그를 상대로 재판하는 과정에서 알게 된 사실은 그가 3년을 준비했다는 것이었다. 사기꾼의 치밀함에 소름이 끼쳤고, 그에 반해 나는 허술하기 짝이 없었다는 사실이 믿어지지 않을 정도였다.

살다 보면 크게 잘못한 것도 없는데 어마어마한 피해를 입게 될 수도 있다. 사업하는 이들 중에 나처럼 사기꾼을 만난 경우가 드물지 않다. 먹을 것이 있는 곳에 파리가 꼬이듯 돈이 있는 곳에 사기꾼이 모여들기 마련이다. 그래서 사업가들은 사기꾼에 대한 경계심을 늘 가슴에 품고 있다.

곰곰이 생각해보면 내 잘못도 컸다. 사람들과의 관계를 너무나도 가볍게 생각했던 것이다. 이유 없는 호의를 아무 의심 없이 받았고, 그가 나를 더욱 잘살게 해줄 거라는 막연한 기대감을 가졌다. 번드르르한 입담, 입안의 사탕 같은 칭찬, 재력을 과시하는 행동들에 경계심이 사라졌던 것이다. 이후 나는 사람들과의 만남에서 신중을 기하게 되었다. 겉으로 화려해 보이는 사람들보다 내실 있는 사람들과의 만남을 선호하고, 물질적 가치만을 추구하는 모임이나 만남은 갖지 않는다.

세상만사에서 사람이 가장 중요한 만큼 사람과의 연결에 신중해야 한다. 금전적인 이익을 기대하지 말고 배울 수 있는 사람을 만나야 한다. 꾸준한 노력, 독보적인 열정을 보여주는 사람들이야말로 나를 성장시켜줄 수 있다. 오프라 윈프리의 말처럼 "나를 더 높여줄 사람들을 가까이 두어야 한다."

GET MO NEY

PART
04

돈의 무대를
넓혀라

01

부자들의 뇌를 깨우는 디폴트 모드 네트워크

침묵이 목적을 부른다

해외 기업 탐방 때의 일이다. 밤늦게까지 만찬을 즐겼던 경제인들이 아침 일찍 모인다기에 덩달아 부지런을 떨었다. 새벽 6시 30분, 경제인들은 호텔 뒤쪽으로 연결된 오솔길로 나갔다. 이른 시간에 뭘 하려고 모인 걸까? 숲속에 뭔가 있는 걸까? 궁금했지만 꾹 참고 뒤를 따랐다.

5분 넘게 걸었는데 아무것도 나타나지 않고 아무 일도 일어나지 않았다. 울창한 나무들 사이를 날아다니며 지저귀는 새들과 반짝이는 햇살 외에 눈에 띄는 것이 없었다. 모두 말 한 마디 하지 않고 묵묵히 걸어갔다. 그로부터 10분쯤 더 지나자 군데군데 벤치가 보였다. 누군가는 벤치에 잠시 앉았고 다른 누군가는 앞을 향해 계속 발걸음을 옮겼다. 나무에 등을 기대고 가만히 서 있는 이도 있었다. 답답한 마음에 슬금슬금 뒷걸음질쳐서 그들을 수행하는 비서진 쪽으로 향했다.

모두 뭘 하고 있는 거냐고 묻자 비서 중 한 사람이 "보시다시피 산책하고 계십니다"라고 속삭이듯 대꾸했다. "침묵의 시간이니 기자님도 조용히 해주세요"라고 들릴 듯 말 듯 작게 한마디 덧붙이더니 입을 꾹 다물었다.

가끔 불어오는 바람이 나뭇가지를 흔드는 소리, 새소리, 발밑에 바스락거리는 나뭇잎 소리가 귀를 스쳤다. 오랜만에 자연의 소리가 듣기 좋았지만 좀이 쑤셨다. 아무것도 안 하고 가만히 있었던 적이 없었던 내게는 이 시간이 곤욕이었다. 꽈배기처럼 몸을 틀어대길 30~40분쯤 되었을 무렵 그들은 다시 호텔 쪽으로 발걸음을 돌렸다.

아침을 먹는 자리에서 한 기업 회장에게 산책 이야기를 꺼내자 빙그레 미소를 지으며 말했다.

"침묵의 시간을 가질 필요가 있다. 과거, 현재, 미래에 대한 상념도 아니고 오로지 나 자신에게 집중하는 시간이다."

그는 매일 새벽에 일어나 30분간 침묵의 시간을 갖는다고 한다. 평소 느꼈던 강박관념과 과거, 미래, 현재의 고민에서 벗어나 온전히 나 자신, 나라는 존재에 집중하는 시간이다. 가족, 업무, 신사업 구상 등 어떠한 상념에서 완벽히 벗어나 뇌를 쉬게 해준다. 가족 중 어느 누구도 그 시간에 말을 걸지 않는다고 한다.

평소에도 생각은 많이 하지 않냐는 물음에 그가 고개를 가로저었다.

"침묵의 시간은 생각하는 시간이 아니다. 생각을 비우는 시간이다. 생각과 행동을 모두 중단하고 나 자신에게 파고드는 것이다."

분초를 다툴 만큼 바쁜 이들이 고작 생각을 비우겠다고 따로 시간을 낸다는 게 선뜻 이해가 되지 않았다. 그 시간에 오늘의 업무를 계획하고 일을 진행하는 게 더 효율적일 것 같았다. 그는 침묵의 시간을 가지면 업무 효율이 더 올라간다고 했다.

"모래 속에서 시계를 가장 빨리 찾는 방법이 무엇일까? 조용히 앉아 있으면 된다. 고요해지면 시계의 초침 소리가 들린다."

경제인들은 하루에도 크고 작은 결정을 수없이 내려야 하므로 생각에서 벗어나기 힘들다. 그들의 뇌는 하루 종일 이런저런 생각과 고민, 구상을 하느라 쉴 새 없이 바쁘다. 지친 뇌를 쉬어주면서 내 존재를 오롯이 느끼는 시간을 가지면 두뇌가 리프레시되고 의욕이 충전돼 훨씬 더 창의적인 아이디어가 떠오른다. 경제인들은 이 시간을 '혼생('혼자 생각하는 시간'의 줄임말)'이라고 부른다. 혼생으로 내 마음을 고요하게 만드는 것이다. 고요해져야 평소 보이지 않던 것이 보이고, 들리지 않던 것도 들을 수 있다.

이것은 과학자들의 연구로도 증명되었다. 2001년 미국 워싱턴대학교 의과대학의 마커스 레이클 교수 팀은 인간이 아무것도 하지 않고 쉴 때 활성화되는 두뇌 부위가 있다는 사실을 처음 발견했다. 요즘 표현으로 멍 때리기라고 할 수 있는데, 멍 때릴 때마다 활성화되는 부위에 디폴트 모드 네트워크(Default Mode Network, DMN)라는 이름을 붙였다. 디폴트란 기계의 초깃값 혹은 초기 상태를 뜻하는 말로 디폴트 모드 네트워크는 기본 설정 회로라고 할 수 있다. 뇌가 어떤 일을 할 때 활성화가 떨어졌다가 쉴 때는 활동이 증가하는 뇌의 기본 설정이라는 뜻이다.

디폴트 모드 네크워크가 발견되기 전까지 사람들은 아무 일도 하지 않고 쉴 때 뇌도 함께 쉴 거라고 생각했다. 에너지 소모가 거의 없을 거라고 말이다. 그런데 DMN은 사람이 침묵 속에 편히 휴식을 취하면 활성화되기 시작하고, 에너지 소모도 사람이 활동을 할 때보다 많다. DMN의 적절한 활성화는 순기능이 있다. 그런데 과도하게 활성화되거나 반대로 비활성화되면 정신적 문제가 발생할 수 있다.

DMN이 하는 일은 나 자신에 대한 정보처리다. 과거의 경험을 되살리고 감정의 파편들을 처리하며 여러 종류의 생각을 다시 조합한다. 이런 과정은 결과적으로 창의적인 아이디어가 탄생하는 밑바탕이 된다. 아이디어를 떠올리려고 노력하지 않았는데 번개같이 뭔가 떠오르는 것은 이 네트워크의 작동으로 인한 것이다.(〈정신의학신문〉, 2020. 8. 19.)

회장은 다수의 경제인들이 새벽 침묵의 시간을 통해 뇌에 휴식을 준다고 했다. 잠을 자고 있는 동안에도 뇌는 쉬는 것이 아니라 활동한다. 기억과 정보를 정리하므로 뇌세포의 운동량은 깨어 있을 때와 비슷하다. 그래서 잠을 자지 않는 시간에 별도의 쉬는 시간을 주어야 한다.

과학자들의 언어로 바꾼다면 이 침묵의 시간은 DMN이 활성화되는 시간이다. 경제인들은 DMN의 활성화를 통해 자신의 내면을 돌아보고 창의성을 일깨운다. 회장은 명상을 하고 나서 순간순간 떠오르는 생각이나 아이디어를 기록하기 위해 항상 눈앞에 메모지와 펜을 준비해둔다고 한다. 나처럼 하루 24시간을 최대한 효율적으로 사용하겠다고 조바심 내지 않고 30~40분간 물러섬으로써 더 큰 효과를 누리고 있었던 것이다.

AI 설계자들의 명상법

세계적인 경영자들은 침묵을 통한 DMN 활성화 효과를 톡톡히 보고 있다. 아무 일도 하지 않고 침묵의 시간을 보내는 차원을 넘어 명상을 하는 이들도 많다. 명상을 하면 DMN이 지나치게 활성화되어 에너지가 과도하게 소모되는 것이 아니라 순기능을 할 수 있도록 조절하는 데 도움이 된다. 많은 경영자들이 아침에 일찍 일어나 명상의 시간을 갖는다.

실리콘밸리 1세대 창업자로서 트위터의 CEO였고 현재 스퀘어의 CEO인 잭 도시는 매일 새벽 5시에 일어나 명상을 한 다음 가벼운 조깅을 한다. 하루 두 번 2시간 정도 명상을 통해 영혼을 탐색하고 자아를 일깨운다. 그는 트위터를 그만둔 후 미얀마로 명상 여행을 떠났을 정도로 명상 마니아이다.

천재적인 프로그래머이자 미국 소프트웨어 기업 세일즈포스닷컴의 CEO 마크 베니오프 역시 명상을 즐긴다. 그는 천재적인 프로그래머로 인정받고 있지만 채워지지 않는 공허함 때문에 명상을 시작하게 되었다. 그는 자신의 집으로 승려를 직접 초빙해서 명상 수

련을 하며 직원들에게도 명상을 권유한다.

일본에서 경영의 신이라 불리는 교세라의 이나모리 가즈오 명예 회장과 미국 헤지펀드 회사 브리지워터 어소시에이츠 창업자 레이 달리오는 초월명상(Transcendental Meditation, TM)의 열렬한 신봉자이다. 레이 달리오는 명상이 모든 문제를 해결할 수 있는 명쾌하고 훌륭한 기법이라고 말했다.

명상의 효과를 체험한 경영자들은 직원들에게도 명상 프로그램을 제공한다. 구글은 직원 마크 레서와 차드 멍 탄이 개발한 명상 교육 프로그램 '내면검색(Search Inside Yourself)'으로 직원들을 훈련시키고 있다. 우리나라 유수의 기업들도 직원들의 마음 관리를 위해 명상 교육 프로그램을 실시하고 있다.

회장은 자신이 하고 있는 명상법을 알려주었다. 명상에서는 호흡이 중요하다고 한다. 명상음악을 틀어놓고 하는 이들도 있는데 경영자들은 자연에서 들리는 물소리, 바람 소리를 선호한다.

- 바닥에 편안한 자세로 허리를 펴고 앉아 눈을 감고 천천히 깊게 호흡에 집중한다.
- 배를 천천히 내밀면서 코로 숨을 들이마셨다가 잠깐 정지한다.
- 배를 천천히 집어넣으면서 숨을 내보내다가 잠깐 정지한다.
- 숨을 들이마시고 내보내는 호흡을 3분간 반복한다.

- 아무 생각을 하지 않고 나 자신에게 집중한다.
- 들이마시면서 평화롭게, 내뱉으면서 고요하게, 호흡과 내가 존재하는 것을 느낀다.

처음 명상을 하는 사람은 3~5분 정도로 시작하다가 숙련되면 점차 시간을 늘려나간다. 회장은 명상하면서 스스로에게 용기를 주는 말을 생각할 때도 있다고 한다. '나는 위대하다', '잘해낼 수 있다'는 확신에 찬 문장을 되뇌이면 성취력을 높이는 데 도움이 된다. 평소 소원했던 것, 건강이나 경제력, 인간관계, 습관 개선 등을 머릿속으로 반복하면 원하는 대로 이룰 수 있다는 것이다. 그래서 3개월 후, 1년 후 나는 어떤 모습일까, 10년 후 어떤 삶을 살고 있을까 등 목적지로 가는 방법을 떠올리기 위한 명상도 한다고 했다. 하고 싶은 사업이 있다면 이미 그 사업을 하는 것처럼 상상한다. 그런 명상을 할 때면 나는 반드시 성공할 것이고 부자의 운명을 타고났다는 확신을 머릿속으로 반복한다는 것이다.

"우주는 누군가에게 더 특별하게 부자의 기운을 주지 않는다. 우주야말로 지극히 공평하다. 누구에게든 공평하게 복을 준다. 그러므로 원하는 게 있다면 그것에 강력하게 집중해야 한다."

나는 회장의 권유로 시작한 명상을 20년 넘게 지금까지 매일 하고 있다. 아침에 누구보다 일찍 출근해 빈 사무실에서 30분간 명상을 한다. 처음엔 그 시간에 일을 하는 게 더 낫겠다며 조급증에 잠깐 시달렸다. 명상이라는 루틴을 만들기 위한 인내심과 노력이 필요했다. 하지만 명상을 시작한 지 오래지 않아 회장이 알려준 명상의 장점들을 그대로 확인하면서 서서히 명상에 젖어들게 되었다.

명상을 하면서 좋아진 점은 복잡한 마음 상태를 정리하기가 한결 수월하다는 것이다. 인간적인 근심과 두려움, 과거에의 집착, 미래에 대한 불안을 내려놓고 지금 이 순간 깨어 있는 나에게 집중할 수 있게 되었다. 오로지 나에게 집중하면 온 우주가 나를 응원해주는 것 같아 기분이 좋아진다.

부와 성공을 좇기 전에 먼저 자신을 바라보자. 자기 내면을 들여다보고 마음의 소리에 귀 기울이기 바란다. 자기 존재에 대한 확신이 있을 때 성공과 행복이 비로소 그 뒤를 따를 것이다.

02

부자들의 집에 없는 것

언제나 채울 준비가 되어 있는 공간

부자들의 집을 방문할 기회가 많은데, 그때마다 드는 생각은 "여기가 사람 사는 집 맞을까" 하는 것이었다. 한 기업가의 집도 마찬가지였다. 살림이 너무 없었던 것이다. 현관에 신발 한두 켤레 외에 다른 물건이 없었고, 거실에도 소파, 테이블, 카펫 외에 아무것도 없었다. 테이블 위는 깨끗했다. 주방도 그랬다. 싱크대 위에 일반적인 주방 용품이 하나도 보이지 않았다. 가스레인지와 그 주변에 작은 음식 얼룩 하나 없었다. 모델하우스와 흡사한, 아니 그보다 더 깨끗했다.

집이 정말 깨끗하다고 감탄하니 주인은 어깨를 으쓱하며 뭔가 쌓여 있거나 너저분한 것을 싫어한다고 말했다.

뭐든지 있을 것 같은 부자들의 집에 없는 게 있다. 바로 사용하지 않는 물건이다. 그는 쓸모를 다한 물건을 바로바로 치운다고 했다. 물건을 살 때는 신중을 기하니 불필요한 물건이 집에 쌓일 리 없고, 누군가에게 받은 선물이라도 필요 없다면 주변 사람들에게 나눠준다는 것이다. 나도 제법 정리정돈을 잘하지만 옷 욕심이 많은 편이라 아까워서 버리지 못하는데 부자들은 과감하게 처리했다.

"안 쓰는 물건들은 생명이 다한 거라고 봐야 한다. 죽은 물건을 집에 둘 필요 있을까? 얼른 처분하는 것이 좋다."

부자들은 돈을 비롯한 물질에도 인격과 에너지가 있다고 믿는다. 물질과 공간은 서로 에너지를 주고받는데, 죽은 물품이 쌓이면 공간에도 안 좋은 에너지가 흐른다고 생각한다. 그래서 안 쓰는 물건을 재빨리 치우는 것이다.

부자들은 물질과 공간을 효율적으로 사용하기 위해 노력한다. 대개 사람들은 돈을 벌면 뭔가를 자꾸 사들이려고 한다. 최신형 가전제품, 트렌디한 가구로 공간을 가득 채운다. 기분이 좋아서 혹은 기분이 나빠서 비슷한 것들을 사고 또 산다. 그러나 부자들은 정반대이다. 덜어내고 또 덜어낸다. 감정적으로 소비하지도 않는다. 정말 필요한지를 고민하고 확신이 있을 때 물건을 산다.

"신은 지저분한 공간을 싫어한다. 신이 주신 터전을 내가 예쁘고 아름답게 가꾸며 살길 원한다. 큰 부자들일수록 몸을 청결히 하고 주변 환경을 깔끔하게 유지해야 신의 뜻에 부합하는 것이다."

그는 이 세상의 모든 물질은 신의 소유라고 말한다. 그렇기에 부자들은 많은 물질을 보유하는 복을 받은 만큼 낭비 없이 효율적으로 사용해야 한다는 것이다. 그런데 물질과 공간의 효율성은 단지 물품의 많고 적음이나 여유 공간을 말하는 것이 아니다. 필요한 물품만 있는지, 불필요한 물품 때문에 죽은 공간은 없는지를 의미한다. 남들 눈에 물건이 많아 보여도 물건의 존재를 파악하고 곧바로 찾아내서 사용한다면 효율성이 있는 것이다.

그는 친분 있는 대학 교수들 이야기를 들려주었다. 교수들 방에 가면 온갖 책과 서류 뭉치가 사방에 쌓여 있다. 대화를 나누던 중 교수가 관련 자료가 있다며 책상 바로 옆에 수북이 쌓여 있던 서류 뭉치 중간에서 자료를 빼냈다. 정확히 그가 찾던 자료였다. 남들 눈에는 정리가 안 된 것처럼 보여도 당사자는 공간을 잘 장악하고 있었던 것이다. 이처럼 물질과 공간이 아낌없이 사용되고 있다면 제3자의 눈에 어수선해 보여도 효율성이 높은 것이다.

돈이 쌓이는 공간

부자들은 물질과 공간의 낭비를 줄이는 것이 궁극적으로 부를 불러오는 방법이라고 생각한다. 어떻게 이런 등식이 성립하는 것일까? 물질과 공간을 잘 정돈하면 일하기에 최적화된 환경이 만들어지므로 업무의 효율성이 높아지고 그로 인해 성과가 좋아져서 매출 증대라는 결과까지 이어진다. 매출이 좋아지면 일할 의욕이 더욱 높아져서 또다시 성과와 매출이 좋아진다. 그야말로 선순환 구조가 자연스럽게 이루어지는 것이다. 낭비를 줄이는 정리정돈이라는 첫 단추가 얼마나 중요한지를 알 수 있다.

하네다 오사무는 일본 최고의 공장 비용 절감 컨설턴트이다. 화학, 금속 등 소재·장치 산업에서 정리정돈 노하우를 적용하여 에너지를 절약하고 제품의 품질과 근무 환경까지 개선하는 전문가이다. 그는 《지갑, 방, 책상》이라는 책에서 일본 기업들의 5S 정책을 소개했다. 5S란 정리(Seiri), 정돈(Seiton), 청소(Seiso), 청결(Seiketsu), 습관(Shitsuke)을 말하는데, 일본 토요타에서 처음 시작된 현장 혁신 활동의 일환이다. 현장에 꼭 필요한 물품만 남겨서 정리하고, 물품을 쉽게 찾을 수 있도록 제 위치에 놓아 정돈하고, 청소를 통해 각종 기기들과 공간을 쾌적하게 만들어 직원들의 근무 의욕과 고객들의 신뢰를 확보하고, 정리·정돈·청소 상태를 청결하게 유지하고, 이 모든 규칙들을 습관화한다. 토요타의 5S 운동은 많은 일본 회사들이 벤치마킹하여 하나의 문화로 자리 잡았으며, 우리나라에도 소개돼 여러 기업들이 현장을 혁신하는 원리로 활용했다. 정리정돈만으로도 기업이 혁신을 이룰 수 있다는 것이 증명되었다.

하네다 오사무는 돈은 지저분한 곳으로 소리 없이 빠져나가므로 정리정돈을 할수록 돈이 쌓인다고 말한다. 지갑과 방, 책상, 미디어, 식료품, 의류, 생활용품, 추억의 물건을 정돈하는 것이 삶의 질을 높이는 데 중요하다는 것이다. 그가 말한 것들은 모두 다 우리가 습관처럼 과하게 쟁여두고 소비하는 물품들이다. 부자가 되고 싶은 이들은 지금 자신의 집에 불필요한 물품들이 쌓여 있지 않은지 점검할 필요가 있다.

미국의 유명한 베스트셀러 작가 지그 지글러는 특히 책상 정리를 강조했다. 회사에서 높은 직위를 차지하는 사람일수록 책상을 잘 정리한다는 것이다. 책상에서 일상적인 업무 처리와 중요한 의사 결정을 하므로 정리정돈을 잘해서 업무에 최적화된 공간으로 만들어야 한다. 세계적인 경영자들의 책상을 살펴보면 하나같이 정리정돈이 잘되어 있다. 스티브 잡스는 책상 위에도 자신만의 규칙을 적용했고, 빌 게이츠는 늘 청결한 책상에서 일하는 것으로 유명하다.

자신만의 방이나 정해진 책상을 만들지 않고 사무실 빈 공간에서 일하는 경영자들도 있다. 메타(전 페이스북)의 마크 저커버그는 사무실 안쪽 구석진 곳에서 직원들과 똑같은 책상에 앉아 일한다. 그에게 공간은 창의성을 자극할 수 있어야 한다. 늘 똑같은 자리에 머물러 있으면 사고가 정체되므로 정형성을 탈피한 개방형 공간에서 일한다는 것이다. 최고경영자라는 직함에 어울리는 화려함과 웅장함보다는 업무에 최적화된 공간을 중요시한다.

근래 들어서 부자들이 어떻게 공간을 꾸미는지에 관심을 갖는 사람들이 많다. 부자들의 집 현관에는 무엇이 놓여 있고, 거실 살림은 어떻게 했으며, 거울은 어디에 걸어둬야 하는지 등이다. 돈을 불러들인다는 그림이나 사진을 현관이나 거실에 걸어두기도 한다. 그런 물품이나 공간 배치를 단순히 따라 하는 것만으로 부자가 될 수 있을까? 그것은 흉내 내기에 지나지 않는다. 그보다는 부자들이 어떤 마음으로 물건을 대하고 어떻게 다루는지를 살펴봐야 한다.

돈이 불어나는 정리정돈 방법

젊은 나이에 인터넷 쇼핑몰 사업을 시작한 청년이 있다. 열심히 노력하는데도 연매출이 부진해 속상하다면서도 10억 원이 그해 목표라는 야심찬 포부를 밝혔다. 늘 깔끔한 옷차림으로 내 강의를 자주 찾는 그는 매사 열정적으로 질문하고 언변도 뛰어났다. 하루는 그와 만나기로 약속한 시간에 맞춰 그의 사무실에 갔다. 그런데 사무실 풍경을 보고 아연실색하지 않을 수 없었다.

수십 개의 상자가 아무렇게나 수북이 쌓여 있고 책상 네댓 개와 같은 수의 의자가 삐뚤빼뚤 놓여 있었다. 책상 하나에는 여러 묶음의 서류와 볼펜 여러 자루가 뒤엉켜 있었고 담배꽁초가 쌓인 재떨이도 있었다. 그 옆으로는 어정쩡하게 펼쳐진 반지갑과 비쭉 튀어나온 지폐가 보였다. 나머지 책상들은 주인 없는 듯 텅 비어 있었다. 구석의 간이침대 위와 주변의 상자 더미에는 옷가지가 대충 걸쳐 있었다. 그는 내가 사무실에 들어서자 간이침대에서 부스스한 모습으로 몸을 일으키며 인사했는데, 미팅을 앞둔 시간까지 잠자고 있었다는 것을 이해하기 어려웠다.

놀란 내 얼굴을 보고 당황했는지 그는 바닥에 밟히는 상자 몇 개를 주워 구석으로 던지면서 온라인 사업이라 사무실을 방문하는 사람이 없어서 편하게 해둔 것이라고 말했다. 빈 책상을 보며 누구 자리냐고 물었더니 그만둔 직원 자리인데 치우지 않았다는 답변이 돌아왔다.

그에게 사무실 정리 팁 몇 가지를 전달했다. 간이침대를 치울 것, 식기·수저·전기밥솥·치약·칫솔 등 생필품들은 안 보이는 공간에 깔끔하게 정돈할 것, 최소한의 옷가지만 옷걸이에 단정히 걸어둘 것, 제품 상자를 아무렇게나 쌓아두지 말고 정리해서 파티션으로 막아둘 것, 빛이 잘 들어오도록 창문의 불투명한 시트지를 떼어내고 수시로 환기할 것, 직원을 뽑을 예정이라면 책상과 의자 한두 세트만 두고 나머지 책상은 치울 것, 볼 때마다 기분이 좋아질 만한 그림이나 사진을 붙여둘 것 등이었다. 그리고 진지한 표정으로 그에게 말했다.

"부자가 되고 싶다면서요. 이렇게 무질서한 곳에는 돈이 들어오지 않아요."

그에게 특히 강조한 것은 집에서 잠을 자라는 것이었다. 부자들은 자신과 가족이 거주할 집을 중요하게 여긴다. 형편이 좋지 않던 시절에도 가족과 편히 쉴 둥지를 우선적으로 마련하려고 애썼다. 사무실에서 쪽잠을 자면서 사업해 좋은 결과를 얻은 사람을 거의 보지 못했다. 사람은 안락하게 머물 공간이 있어야 일에 더 오랫동안 집중할 수 있다.

어렵게 돈을 마련하여 마포나 용산, 강남 등 비싼 지역에 집을 빌려서 사는 사람들이 있다. 나는 그들에게 차라리 외곽 지역에 집을 사라고 권유한다. 사업 초기에 집을 마련하느라 많은 빚을 지는 것은 바람직하지 않다. 안정성이 중요하지 집이 어디에 있는지는 중요하지 않다. 집과 사무실이 좀 멀더라도 편안한 거주지를 만들어야 한다.

수개월 후 그를 다시 만났다. 사무실을 잘 정리했는지, 집은 구했는지 물어보니 그가 상기된 표정으로 말했다. 내가 얘기한 대로 정리한 뒤부터 일할 의욕이 샘솟고 의지가 생겼다는 것이다. 그러자 매출도 늘어서 목표한 대로 10억 원을 달성할 것 같고 내년에는 30억 원이 목표라고 했다. 기대에 찬 그의 얼굴을 보면서 내 기분도 덩달아 좋아졌다. 정리정돈으로 물건도 아끼고 일할 의욕도 높아지니 자연스럽게 돈이 들어온다는 것을 알 수 있었다.

부자들은 자기가 소유하고 있는 물건과 공간을 어떻게 관리할까? 그들에게 가장 중요한 물건은 돈이다. 그러므로 돈을 넣어두는 지갑에 관심을 둔다. 선호하는 유형은 장지갑이다. 지갑에 늘 일정 액수의 현금을 넣어두는데 지폐를 모두 앞면이 보이도록 가지런히 정렬해서 넣어둔다. 반지갑은 지폐가 꺾이므로 선호하지 않고 바지 뒷주머니에 지갑을 넣지 않는다. 지갑을 넣는 위치는 항상 재킷 안주머니다. 언제나 저렴하고 쓸 만한 제품을 찾으려 노력하고 한 번 구입한 지갑을 오래 사용하지만, 지갑만큼은 낡으면 새 제품으로 바꾼다. 생명이 다한 지갑에 돈을 보관하고 싶어 하지 않는다.

늘 몸에 걸치고 다니는 옷도 함부로 취급하지 않는다. 겉옷을 벗어야 할 때는 옷걸이에 단정히 걸어두고 걸쳐둘 만한 곳이 없다면 안감이 보이도록 돌돌 말아서 한편에 올려놓는다. 비싼 옷이기 때문이 아니라 옷에도 에너지가 있다고 여겨 함부로 다루지 않는 것이다.

부자들의 공간에는 불필요한 물품, 공간만 차지하는 죽은 물품이 없다. 현관, 복도, 거실, 방, 드레스룸 모두 마찬가지다. 화려한 인테리어보다 절제와 여백의 미가 돋보인다. 이러한 특징이 잘 드러나는 공간은 주방이다. 주방은 가족들이 가장 많이 사용하는 공간 중 하나이고 세끼 식사를 만들어내는 곳인 만큼 생활의 흔적이 묻어날 수밖에 없지만 항상 청결을 유지한다. 얼룩이 묻으면 곧바로 닦아내고, 자주 쓰는 물품들은 규칙적으로 정리해둔다. 이를테면 숟가락, 젓가락, 티스푼 등을 종류별로 나눠서 보관하고 그릇이나 냄비도 종류와 크기에 맞게 정리한다. 자주 사용하는 물품도 싱크대에 늘어놓지 않고 수납장에 정리한다.

부자들은 정리정돈과 청결 상태를 유지하고자 하는 의지가 강하다. 물질과 공간의 효율성을 극대화할 수 있는 환경을 유지하는 데 무엇보다 중요한 것은 습관이다. 일본 토요타의 5S에서 마지막 하나인 습관화를 해내지 못하면 앞의 4가지 'S' 모두 무너지고 만다. 부자들은 좋은 생활 습관을 갖고 있다. 어떤 물품이든 험하게 다루지 않고 오래 쓰려고 한다. 또한 물품을 사용하면 곧바로 제자리에 두는데, 이러한 습관을 들이면 공간이 어질러지지 않고 물건을 찾지 못해 또다시 사는 중복 구매를 막을 수 있다.

부자가 되고 싶은 사람들은 돈을 많이 버는 방법에 관심이 많다. 하지만 진짜 부자들은 버는 법 외에 지키는 법에도 탁월하다. 정리정돈은 내 손 안에 들어온 물질의 효율성을 최대치로 끌어올리는 방법이다. 정리정돈을 하면 돈을 지키는 것뿐 아니라 불어나게 할 수 있다. 부자가 되고 싶다면 바로 오늘부터 정리정돈으로 첫 단추를 꿰어보자. 물질을 소중히 여기는 사람에게 물질이 덩굴째 굴러올 테니까.

03

빈 공간에 긍정 에너지가 쌓인다

부(富)가 머무르고 싶어 하는 곳

개인적인 일로 A사를 방문한 적이 있다. 아는 사람이 있었던 것이 아니어서 안내 데스크에 방문 이유를 밝히고 안으로 들어갔다. 관리부서에 가서 내 소개와 함께 방문 목적을 말하고 빈 테이블에 앉아 기다리는데 직원이 자기 소관이 아니니 ○○부서로 가라고 했다. 언뜻 생각하기에 안내가 잘못된 것 같아 다시 물었으나 그는 내 말을 끊고 앞서의 말을 반복했다. 하는 수 없이 ○○부서로 갔는데 이번에는 ㅁㅁ부서로 가라고 했다. ㅁㅁ부서에서는 관리부서 소관인데 왜 자기 부서로 왔느냐며 내게 오히려 물었다.

　모두 겉으로는 친절한 듯했지만 사무적이고 냉랭했다. 내가 여러 부서를 돌아다니는 중이라고 설명했음에도, 우리 부서는 아니니 다른 부서로 가라는 말만 기계적으로 되풀이했다. 어찌해야 할지 몰라 복도에서 우왕좌왕하고 있을 때 지나가던 어느 부서장의 도움으로 간신히 해당 부서를 찾아가 용무를 마쳤다.

나는 어떤 회사든 성공할지 도산할지를 잘 알아맞히는 편이다. 회사 내부 분위기, 직원들의 태도, 손님에 대한 대응 방식, 업무 처리 방식 등을 관찰해보면 대충 알 수 있다. 그런데 A사의 내부 모습을 보면서 나도 모르게 걱정이 앞섰다. 나 역시 경영하는 입장에서 그냥 지나치기 어려운 문제점들을 느꼈다. 첫 방문에서 감지된 문제들은 이후에도 그대로 이어졌다.

업무 처리는 매끄럽지 않고 비효율적이었으며, 직원들은 자기 일이 아니면 나 몰라라 했다. 체계가 복잡해서 결제 하나를 받는 데도 시간이 많이 걸렸다. 분위기도 묘했다. 천장에 형광등이 환하게 켜져 있었지만 왠지 모를 어둠과 서늘함이 느껴졌다. 친분 있는 경영자들에게 A사가 어떠한지 물어봤는데 사업상 별문제 없을 거라고 했다. 그래도 찜찜한 기분이 가시지 않았는데 몇 년 후 현실로 나타났다. A사가 부도 처리된 것이다. 함께 진행하던 일이 있었기에 상황을 수습하느라 적잖은 고생을 해야 했다.

업계 사정에 정통한 관계자에게 A사의 내부 사정을 전해 들으니 대표에게 문제가 있었다는 것이었다. 대표는 운영상 조금이라도 문제가 발생하면 임원들을 질책했다. 부정적이고 염려가 많은 성격이며 자기 뜻대로 안 되는 것을 못 견뎌했다고 한다. 화가 날 때면 혼잣말처럼 욕설을 내뱉기도 한다는 것이었다. 본인은 혼잣말이라고 하지만 좌중의 사람들에게 다 들리는 것을 혼잣말이라고 볼 수 있을까? 이런 대표 밑에서 일하는 임원들이나 중간관리자들 역시 직원들을 존중하고 아끼는 마음이 부족하기 쉽다. 직원들은 작은 실수에도 질책당하고 책임져야 하므로 일을 미루거나 회피하는 경우가 잦았다. 실력 있는 이들은 발 빠르게 회사를 옮겼다. 제대로 일할 사람이 줄어들고 남아 있는 이들도 의욕이 없으니 성과가 떨어지고 매출이 하락하는 것도 당연했다.

부정적인 에너지가 가득한 공간에서는 어떤 창의적인 발상이나 근무 의욕도 생기지 않는다. 성과와 매출 증대가 일어날 리도 없다. 경영자들이 진정으로 회사의 발전을 원한다면 자신이 어떤 마음으로 업무에 임하고 직원들을 대하는지를 돌아봐야 한다. 습관적으로 인상 쓰거나 험한 말을 하거나 '되는 일이 하나도 없다', '도대체 하는 일이 뭔가'라는 식으로 부정적인 발언을 일삼지 않는지 점검해야 한다.

경영자들의 긍정적인 마음가짐은 회사 직원들과 분위기에 영향을 미친다. 일본에서 경영의 신으로 추앙받는 경제인으로 교세라와 다이니덴덴의 창업주인 이나모리 가즈오는 긍정적인 사고의 중요성을 강조했다. 그는 넉넉지 않은 가정환경에서 자랐고 학교 진학 시험과 취직 시험 등에 실패했지만 특유의 긍정적인 마인드로 어려움을 돌파해나갔다.

가즈오는 2010년에 2조 3천억 엔에 달하는 부채로 부도 처리된 공기업 일본항공(JAL)을 되살리기 위해 77세의 고령에 어떠한 보수도 없이 회사를 맡았다. 그때 그가 가장 먼저 했던 일이 직원들 교육이었다. 특히 간부들을 대상으로 일에 대한 마음가짐과 철학, 리더십 등을 가르쳤다. 직원들이 바뀌어야 고객이 만족하고 회사도 좋아진다고 여겨 직원들이 행복한 직장생활을 만들겠다고 선언했다. 처음에 가즈오의 방침에 공감하지 못했던 직원들도 그의 끈기 있는 설득에 감동을 받아 변화하게 되었다.

그는 《인생을 바라보는 안목》에서 자신만의 인생 방정식을 소개했다.

인생과 일의 결과＝사고법×열의(열정)×능력

인생과 일의 결과를 '사고법, 열의, 능력'이라는 3가지 요소의 곱으로 나타낼 수 있는데, 이 공식에서 가장 중요한 것이 사고법이라고 했다. 능력과 열의는 0~100점까지지만, 나쁜 사고법과 좋은 사고법은 마이너스 100점에서 플러스 100점까지 범위가 훨씬 넓다

는 것이다. 능력과 열의가 아무리 좋아도 사고법에서 마이너스가
곱해지면 인생과 일에서 좋은 결과가 나올 수 없으므로 사고법, 즉
긍정적인 사고가 대단히 중요하다는 것이다.

그는 이러한 인생철학으로 최선의 결과를 만들어냈다. 일본항공
은 그가 경영을 맡은 지 8개월 만에 흑자 전환에 성공했으며, 상장
폐지된 지 약 2년 7개월 만에 도쿄 증시에 재상장되었다. 그가 부
정적인 사고에 매인 사람이었다면 전 세계 많은 사람들이 칭송하
는 드라마는 만들어지지 않았을 것이다.

가장 큰 위험자산을 물리치기

"우리에게 가장 큰 위험이 무엇인지 아는가?"

내가 초보 사업가 시절에 한 기업가가 나에게 물었다. 이런저런
생각을 해봤지만 답을 알 수 없었다.

"사람이 뭔가를 하는 데 있어서 가장 큰 위험자산은 바로 '나' 자
신이다. 그래서 사업하는 사람들은 큰일을 앞두고 가장 먼저 자신
의 마음가짐을 돌아봐야 한다."

어떤 일의 성패는 궁극적으로 나 자신에게 달려 있다. 그런데 나는 온전한 '나'가 아니라 과거의 경험에 영향을 받는 '나'이다. 불행하고 부정적인 감정으로 점철된 과거가 현재의 나에게도 영향을 미친다. 지나간 시간에 매이는 것이다. 예를 들어 과거 실직했던 경험에 사로잡혀 미래에는 반드시 내 사업을 하겠다고 꿈꾸는 사람이 있다. 그는 꿈꿀 때는 행복하지만 현재 직장을 다니는 자신의 모습을 초라하게 느낀다. 과거처럼 하루아침에 직장을 잃으면 어쩌나 하는 불안에 휩싸이기도 한다. 일어나지 않은 일에 대한 부정적인 감정 때문에 현재 직장에서 성실히 살아가고 있는 자신을 격려하지 못한다.

사람들은 과거를 부정하면서 미래로 하루빨리 넘어가고 싶어 한다. 과거에는 미운 오리 새끼여도 미래의 나는 눈부신 백조일 거라고 막연한 기대감을 갖는다. 이런 감정에 휩쓸리면 정작 '현재'를 놓친다. 기업가는 과거와 미래는 허상일 뿐이고 우리가 살아가는 것은 바로 지금이라고 말했다. 지나간 시간과 허상의 시간에 휘둘려 오늘 내가 할 일을 잃어버리는 것은 바보 같은 짓이다.

"과거는 과거이고 미래는 아직 오지 않았기에 알 수 없다. 중요한 것은 바로 지금이다. 이 순간 깨어서 최선을 다해 살아야 한다."

그도 사업에 실패한 경험이 있다. 그런데 그는 새로운 일을 계획할 때 과거에 연연하지 않는다. '해낼 수 있다'는 긍정적인 마음으로 열정을 다한다. 사우디아라비아에 도로를 짓는 어마어마한 공사 건을 할 수 없는 상황이었는데도 입찰에 참여해 수주를 따냈다. 그는 은행들을 적극적으로 찾아다니면서 부족한 공사비를 대출받아 공사를 완료했다. 윈스턴 처칠 수상의 말처럼 낙관적인 사람은 고난에서 기회를 보고 비관적인 사람은 기회에서 고난을 본다.

젊은 날 나는 부자들을 만나면서 입버릇처럼 "저는 돈이 없어서요"라고 말했다. 과거의 나에게 매여 더 나은 미래를 막연히 꿈꾸면서도 그것을 이루기 위한 노력을 하지 못했다. 그런 나를 잘 알고 있었던 그는 부정적으로 생각하는 습관을 버려야 한다며 그날그날 좋았던 점을 기록하라고 권해주었다. 이후로 나는 감사한 것들을 기록하기 시작했다. 오늘날 많이 이야기하는 감사 일기를 20년 전에 실천한 것이다. 처음에는 쓸 게 없어서 머리를 쥐어짜냈지만 시간이 지날수록 자연스러워졌다. 90일 정도 되니 마음가짐이 긍정적으로 바뀌었다는 것을 느낄 수 있었다. 따뜻한 언어로 바뀌니 생각도 저절로 따뜻하게 바뀌었다.

일 때문에 스트레스가 많아서 감사하기가 힘들다는 사람들도 있다. 그럴수록 감사 일기를 쓸 것을 강력히 추천한다. 만병의 근원인 스트레스를 물리칠 수 있는 무기가 감사하는 마음이다. 감사하는 사람은 스트레스를 훨씬 더 적게 혹은 거의 받지 않으며 매사를 긍정적으로 생각한다. 긍정적인 마음은 또 다른 긍정을 끌어들이고, 이런 긍정들이 쌓여서 현재 상황을 더욱 좋게 변화시킨다.

감사 일기는 먼지와 얼룩이 잔뜩 묻은 차창을 깨끗이 닦아내는 와이퍼 역할을 한다. 아침 일찍 일어나 그날 스케줄에 따라 미리 감사할 일을 적은 다음 하루 일과를 마치고 나서 감사했던 점들을 다시 적는다. 이런 기록을 통해 나 자신에게 집중할 수 있고, 생각 훈련이 가능하며, 피드백을 통한 성장을 할 수 있다. 감사 일기를 쓰면서 자기 소망이나 혼란스러운 생각들을 함께 적어놓는 것도 좋다. 소원에 대한 결심을 다지고 혼란스러운 생각을 정리하는 데 도움이 된다.

감사 일기를 쓰면서 좋은 경험들이 쌓이자 다른 이들에게도 추천하고 있다. 처음에는 비웃다시피 했던 사람들도 반강제로 감사 일기를 쓰면서 서서히 변화를 체험하는 중이다. 마음이 바뀌니 외모와 태도가 바뀌고 열정과 의욕이 살아나 가정과 사업 양쪽 모두에서 좋은 결과가 나타났다.

뭔가를 크게 이룩한 사람들은 공통적으로 긍정적인 마인드를 가지고 있다. 답은 결국 내 안에 있다. 이 책을 읽는 이들도 감사 일기를 통해 인생의 전환점을 맞이하길 바란다.

04

부를 시각화하라

보이지 않는 부를 보이게 하는 법

내가 아는 경제인들은 모두 메모를 즐긴다. 귀를 포함해 모든 신경을 열어놓고 메모한다는 느낌을 받는다. 수첩과 펜을 늘 주머니에 넣어 다니고, 녹음기나 휴대폰을 활용하는 사람들도 있다. 사무실에 불이 나면 그들은 가장 먼저 메모장을 챙길지도 모른다.

그중에서도 끝판왕이라고 할 만한 기업가가 있다. 해외 연수나 조찬 모임에 참석한 경영자들이 뭔가를 깜박 놓쳤다 싶으면 항상 그에게 묻는데, 답이 나오지 않은 적이 없다. 그래서 중요한 강연회나 설명회가 있는 날에는 항상 그와 함께 앉으려고 한다.

나는 그의 메모장을 보고 꼼꼼함과 정확성에 놀라지 않을 수 없었다. 이 정도면 녹음기와 경쟁해도 될 것 같았다. 업무, 일상생활, 독서 감상 등 용도별로 수첩을 나눠 쓰는 나와 달리 그는 한 권에 모든 것을 기록했다. 들은 내용을 적는 것은 기본이고 생각해봐야 할 주제들도 함께 적는다. 모든 내용을 다 적는다기보다는 주요 단어나 문장으로 요약하는 방식이었다. 그렇게 적으니 핵심을 놓치지 않고 모두 기록할 수 있었다.

"사람 머릿속은 보물상자와 다를 바 없다. 보고 듣고 체험한 것을 모두 저장하기 때문이다. 문제는 이 보물들이 때때로 떠오르지 않는다는 것이다. 꺼낼 방법이 필요한데 그게 바로 메모이다."

그는 사업가는 생각 정리를 잘해야 한다고 한다. 가치 있는 기업체로 성장시키는 지름길은 다름 아닌 생각 정리라는 것이다. 경영자들은 많은 정보를 접하고 그에 관해 많은 생각을 한다. 이를 머릿속에 담아두기만 하면 다시 꺼내서 활용하기 어렵다. 기억력의 한계 때문이다. 분명 들었는데, 하며 가물가물한 기억을 되살리려고 애쓸 때가 얼마나 많은가? 아무리 좋은 생각이나 아이디어도 머릿속에만 넣어두면 언젠가 흔적도 없이 사라진다. 메모는 내가 가진 모든 무형 자원을 빠뜨리지 않고 활용할 수 있는 가장 좋은 방법이다.

메모를 하면 어떤 점들이 좋을까? 메모를 통해 생각을 정리하다

보면 고민이나 문제에 대한 해법을 찾기 좋고, 머릿속에 번뜩이는 아이디어를 놓치지 않을 수 있으며, 산적한 업무를 체계적으로 처리하는 데 도움이 된다. 당장 해야 할 일을 종이에 나열해보면 중요도에 따라 순서를 정할 수 있다.

그는 머릿속에 생각이 떠오르는 대로 적으면 A4 2장 분량인데, '중요함/중요하지 않음/쓸모없음'으로 구분하면 정작 문젯거리가 남지 않을 때도 있다고 한다. 아무 쓸모 없는 상념들이 온종일 머릿속에 가득 찰 때 메모하면 생각을 비우는 데 도움이 된다.

눈에 보이지 않는 것들을 눈에 보이도록 하는 것을 '시각화'라고 한다. 눈에 보이지 않을 때는 막막하지만 종이 위에 써서 시각화하는 순간 모든 것이 명확해진다.

부자들의 생각 정리법

전 세계 많은 경영자들이 메모를 중요하게 여긴다. 빌 게이츠도 엄청난 메모광이다. 그는 종이 한 면을 4등분으로 나눠서 각각 다른 생각 거리를 적고 일주일 동안 깊이 생각한다. 미국의 유명한 가치 투자자이자 오크트리캐피털 창업주인 하워드 막스는 월스트리트가 주목하는 메모를 하고 있다. 그는 오크트리 홈페이지에 매월 한두 번 투자에 대한 메모를 쓰고 있는데 이 메모를 세계적인 투자자 워런 버핏도 챙겨 본다는 것이다(개인적으로 수첩에 기록하는 게 아니라 투자에 대한 생각이나 이슈를 간략히 적은 형태이다. 구독 신청을 하면 이 메모를 받아볼 수 있다).

삼성 창업주 이병철 회장과 이건희 회장도 소문난 메모광이었다. 이병철 회장은 스케줄을 꼼꼼히 짜서 반드시 기록한 대로 실천했고 그날 미진했던 부분을 따로 정리하고 대책을 강구했다. 아버지에게 메모의 중요성을 배운 이건희 회장은 항상 녹음기를 휴대하면서 자신이 만나는 어떤 정보, 어떤 생각 토막도 놓치지 않으려고 노력했다.

이미지 기반의 소셜네트워크 서비스 핀터레스트(Pinterest)의 창업자 벤 실버먼은 종이에 기록하는 순간부터 아이디어가 생긴다고 말했다. 그는 냉장고에 붙여두었던 사진과 메모지를 보고 영감을 받아 이미지로 자신의 관심사를 표현하는 플랫폼을 만들어 대성공을 거두었다. 그는 집중되지 않거나 답이 떠오르지 않으면 그런 상황을 전부 메모한다. 종이 위에 고민을 꺼내놓는 것을 우주와 대화를 시작하는 것이라고 표현한다.

"영감은 종이 위에 글로 표현된다. 무엇이든 좋으니 종이에 적어보자."

메모광인 기업가가 입버릇처럼 하는 말이다. 메모가 중요하다고 하면 많은 사람들은 다이어리에 관심을 가진다. 그런데 경영자들은 어디에 메모하느냐를 중요하게 여기는 것이 아니다. 근검절약이 몸에 밴 기업가는 쓰고 남은 달력을 일정 크기로 잘라 묶어서 뒷면에 메모한다. 포스트잇을 들고 다니는 사람들도 있고, 컴퓨터에 정리해도 된다. 어디에 메모하느냐보다 어떻게 기록하느냐가 훨씬 더 중요하다.

나는 메모광 기업가에게 메모의 기술을 배웠다. 그는 생각을 정리하는 다양한 도구들이 있는데 영국의 토니 부잔(Tony Buzan)이 만든 로직트리(Logic Tree)를 추천해주었다. 로직트리는 '논리'와 '나무'의 합성어로, 문제 발생 원인부터 시작해 해결 단계까지 논리적으로 사고하는 방식이다. 각각의 항목마다 나무를 만들어서 최종적으로 결론에 도달한다. 그는 복잡한 상황도 '문제-이유-해결법'으로 3등분하면 단순하게 정리할 수 있다고 한다.

로직트리

1. 문제가 무엇인지 파악한다. → What Tree

2. 문제가 발생한 이유를 분석한다. → Why Tree

3. 어떻게 해결해야 할지 방법을 찾는다. → How Tree

마인드맵, 만다라트, 로직트리 등 어떤 생각 정리 도구를 쓰든 중요한 것은 한 페이지에 생각을 정리해야 한다는 점이다. 정리되지 않은 생각은 쓸모없다고 단언하는 기업가는 회사에서 보고받을 때도 1페이지를 요구한다.

많은 기업들이 간소한 보고서를 추구한다. 구두로 보고할 때도 '문제-이유-해결법'에 맞춰 간결한 설명을 요구한다. 불필요한 요소들을 장황하게 나열하는 것보다 핵심만 간결하게 정리하는 것이 결론을 도출하는 데 더 효과적이기 때문이다.

성공한 사람들의 7가지 루틴

메모광 기업가에게 배운 또 하나는 스케줄을 짜는 것이다. 그는 시간 관리를 굉장히 중요하게 여긴다. 점심시간에는 사무실을 돌아다니며 점심을 먹지 않는 직원이 있는지 살펴본다. 밥을 먹지 않고 일하거나 잠자는 직원들이 있으면 나중에 따로 면담해서 이유를 묻는다. 일이 많아서, 바빠서, 전날 야근하느라 잠을 못 자서 등 다양한 이유를 듣고 나서 부서장과 면담을 진행한다. 해당 부서가 일이 지나치게 많다는 사실이 확인되면 인력 충원을 결정한다.

"경영자 입장에서도 직원들이 행복하게 일하는 것이 중요하다. 직원들이 행복해야 이 회사에서 더 오래 더 열심히 일하고 싶을 것이다. 그러려면 무엇보다 생활의 균형을 찾아야 한다."

일과 삶의 균형을 찾으려면 어떻게 해야 할까? 그는 시간의 효율성을 최대한 살린다면 일과 일상생활 모두 즐거워질 수 있다고 한다. 시간은 내가 가진 자원 중 가장 중요한 것으로, 이를 얼마나 효과적으로 활용하는지에 따라 나의 성장도 달라진다. 많은 경영자들이 빈틈없이 스케줄을 짜서 철저하게 지키려고 노력한다. 스케줄을 짤 때는 각 항목을 중요도와 긴급도 순으로 나열한다(중요하고 급한 일, 중요하지만 급하지 않은 일, 급하지만 당장 중요하지는 않은 일, 급하지 않고 중요하지도 않은 일). 그는 해가 지나도 메모와 스케줄을 기록한 수첩을 버리지 않고 연도별로 모아둔다. 직원들에게도 스케줄 작성을 권한다.

일간 스케줄 / 주간 스케줄 / 주별 현안 / 월간 스케줄 / 월별 현안 / 그해 목표 / 3, 5, 10년 목표 / 독서 감상 및 요약

드라마나 영화를 보면 셔츠 소매를 걷어 올린 경영자들이 밤늦게 사무실 불을 밝히고 일하는 장면이 종종 등장한다. 그러나 내가 본

부자들 중에 그런 이들은 거의 없었다. 경영자들은 웬만해서는 밤 늦게까지 일하지 않는다. 새벽까지 모임을 갖는 일도 없다. 대개는 오후 8시에 일정을 마치고 집으로 돌아가 가족들과 시간을 갖는다. 자신이 짜놓은 스케줄을 지키기 위해 갑작스러운 약속도 웬만해서는 허용하지 않는다. 퇴근하고 친구들과 만나 밤늦게까지 술을 먹고 노래방이나 술집을 옮겨 다니는 보통 사람들의 모습과 확연하게 다르다. 진짜 부자들은 저녁에 귀가해서 가족들과 저녁을 먹고 책을 읽거나 음악을 들으면서 내일을 준비한다. 철저한 타임 스케줄은 시간의 효율성을 최대한 살려 성과를 만들어내는 데 필수 조건이다.

1세기 넘게 알루미늄 제품을 생산해온 알코아(Alcoa)라는 회사가 있다. 이 회사는 1987년 사업 규모를 무리하게 늘리려다 위기를 맞았다. 매출이 줄어들고 제품 경쟁력이 떨어지면서 세계 최대의 알루미늄 생산 기업이라는 위상이 곤두박칠치자 투자자들의 불만도 폭발하기 직전이었다. 이 위기를 타개하기 위해 새로운 경영인이 초빙되었는데 폴 오닐이라는 사람이었다. 폴 오닐은 알코아를 맡아서 훌륭하게 위기를 돌파했다. 취임 1년 만에 사상 최대의 이익을 기록했을 뿐만 아니라 해가 갈수록 순이익 규모가 커졌다. 오닐이 퇴임한 2000년에는 순이익이 무려 5배 늘어났다.

그는 어떻게 이런 뛰어난 경영 능력을 발휘한 것일까? 여러 가지

위기 극복 요인이 있겠지만 그중 하나가 철저하게 기록하는 습관이다. 그는 언제나 해야 할 일을 우선순위부터 작성했다. 그는 경영 위기를 극복하기 위한 방법도 목록화하여 순차적으로 실천했다.

미국의 사회경제학자 랜달 벨은 《Me We Do Be》에서 성공한 사람들의 생활 습관으로 운동, 침대 정리(정리정돈), 독서, 이른 아침 기상, 올바른 에티켓, 화목한 가정 유지, 메모, 7가지로 정리했다. 메모에 대해서는 "일일 업무를 꼼꼼하게 기록하는 사람은 그렇지 않은 사람에 비해 백만장자가 될 가능성이 289% 높다"고 했다.

직장에서 인정받고 싶은 사람, 자기 사업을 훌륭하게 성장시키고 싶은 사람이라면 오늘부터 메모를 시작하자. 매일 아침 업무 스케줄을 정리하고 저녁에 하루를 점검하고 다음 날 스케줄을 작성한다. 업무상 미팅에서는 항상 메모하고, 상사가 부르면 수첩과 펜을 지참한다. 20년 넘게 기록을 습관화해온 결과 메모만큼 남는 것이 없다. 내가 투자하는 시간과 노력에 비해 효과는 어마어마한 것이 바로 메모이다. 부자가 되고 싶은 이들이라면 이렇게 가성비 좋은 방법을 거부할 이유가 없다.

05

부를 오래 누릴 수 있는 법

내 몸에는 70%만 채워라

어느 회장을 만나기 위해 회사를 방문했을 때 비서가 회장님은 맨손체조를 하는 중이라고 귀띔했다. 약속 시간보다 20분 먼저 도착해 문밖에서 기다렸다. 얼마 후 회장이 나와 인사를 나누고 저녁을 함께하기로 한 장소로 이동했다.

도착한 곳은 회장의 단골집이었다. 후미진 골목 안쪽에 위치한 한식당은 고급스럽고 맛깔난 음식으로 회장들 사이에서 유명했다. 자리를 잡고 앉자마자 기다렸다는 듯 음식이 순차적으로 들어왔다. 군침이 돌 정도로 맛난 음식이 계속 상 위를 채웠지만 회장은 조금씩 천천히 식사했다. 그는 건강을 생각한다면 과식은 금물이

라고 하며 70% 정도 채운다 생각하고 나머지는 비우는 게 좋다고
했다.

"꽉 채우면 옴짝달싹하기 어려워지고 더 이상 아무것도 채울 수
없다. 빈 공간이 있어야 내부 에너지가 자연스럽게 순환되고 외부
에너지도 당겨올 수 있다. 식사뿐 아니라 모든 일이 그렇다."

　그의 생활 습관을 보면 부자들과 내가 실상 별 차이 없다는 생각
이 든다. 부자들이라고 해서 하루 다섯 끼, 여섯 끼를 먹지 않는다.
하루 세끼 먹는 것은 똑같다. 다만 부자들은 소식(小食)을 하려고
애쓴다. 하루 세끼를 규칙적으로 먹되 필요한 칼로리의 20~30%가
량을 줄이는 것으로, 많은 의학 전문가들이 소식을 장수의 비결로
꼽는다. 현대인은 너무 많은 영양을 섭취해 각종 성인병의 위험에
노출돼 있는 만큼 소식하면 이런 위험에서 벗어날 수 있다. 부자들
은 영양 균형이 잡힌 식단을 선호하고 기분 내키는 대로 먹거나 굶
지 않는다. 그는 소식하면 몸이 가뿐하고 맑아지며 두뇌 회전도 좋
아진다고 한다.
　소식을 포함해 부자들의 생활 습관을 한마디로 정의하면 욕심을
비우는 것이다. 물질과 음식을 욕심껏 채우려 하지 않고 비움을 통
해 건강한 삶을 영위한다.

"건강한 신체에 건강한 정신이 깃든다고 하는데, 여기에 하나를 덧붙일 수 있다. 건강한 신체, 건강한 정신의 소유자에게 부가 찾아온다."

그는 소중한 건강을 지키기 위한 루틴을 만들었다. 건강이 무너지면 아무것도 할 수 없다. 더구나 리더의 건강은 회사의 미래를 좌우하는 중요한 문제이다. 리더가 건강해야 사업체를 유지할 수 있다. 건강하지 않으면 산더미처럼 쌓인 재산이 무슨 의미가 있겠는가.

부와 수면의 과학적 상관관계

그의 건강 루틴은 다른 사람들에게도 모범이 될 만하다. 그는 아침 5시 30분에 일어나 명상과 산책을 한다. 2가지를 마친 후 7시에 간단하게 아침 식사를 하고 출근한다. 사무실에서는 철저하게 일에 집중하고 오후 2시, 5시 즈음에 잠시 휴식을 취하면서 맨손체조를 한다. 그는 규칙적인 스트레칭 외에도 일주일에 2회 스포츠 트레이너의 코칭을 받으며 운동한다. 모든 업무를 마치고 돌아와 가족들과 시간을 보내고 개인 시간을 가진 후 잠자리에 드는 시간은 10시

30분이다. 7시간 수면은 칼같이 지킨다.

세계적인 경영자들도 건강을 위한 루틴을 가지고 있다. 빌 게이츠는 7시간 수면 시간을 지킨다. 자정에 잠들어 아침 7시에 기상한다. 빌 게이츠는 이 정도 잠을 자야 창의력과 긍정적인 생각을 유지할 수 있다고 한다. 팀 쿡의 수면 시간도 7시간이다. 그는 빌 게이츠보다 3시간 정도 더 빨리 잠자리에 들어서 더 빨리 일어난다. 이른 아침 시간을 활용하는 것이다. 스스로 일중독자라고 지칭하는 일론 머스크는 6시간 정도 잠을 잔다. 워런 버핏이나 제프 베이조스도 7시간 이상 수면 시간을 유지한다.

허핑턴포스트 창립자 아리아나 허핑턴은 피로가 누적되어 쓰러지면서 머리가 부딪치고 광대뼈가 깨지는 부상을 입었다. 건강 이상을 의심해 검사를 받았지만 아무 문제 없었고, 의료진은 그에게 잠을 푹 잘 것을 권했다. 이때의 경험을 바탕으로 《수면 혁명(The Sleep Revolution)》이라는 책을 썼는데, 하루 4~5시간씩만 자고 완벽하게 일할 수 있다고 생각하는 것은 착각이며 8시간 수면이 성공의 열쇠라고 말했다.

많은 이들이 너무 바빠서 잠잘 시간이 없다고 하는데, 부자들은 일정 시간 이상 숙면을 취하기 위해 노력한다. 충분한 숙면을 취했을 때 업무 효율과 창의성이 더 좋아진다고 느낀다. 여러 과학자들이 수면의 효과를 연구한 결과를 보면 부자들의 주장과 다르지 않다. 영국 카디프대학교 신경과학과 페넬로프 루이스 교수는 《신경과학의 경향》이라는 학술지에 〈수면 때 얼마나 기억이 반복돼야 창의적 문제 해결력이 촉진되는가〉라는 리뷰 논문을 발표했다. 그는 이 논문에서 "렘(REM)수면과 비렘(non-REM)수면 2가지 수면 상태가 협력해 기억을 정리하고, 기대하지 못한 새로운 생각을 가능하게 한다"고 했다. 사람의 수면은 비렘수면과 렘수면으로 구분된다. 비렘수면은 1~4단계로 나눠지는데 1~2단계는 얕은 수면, 3~4단계는 깊은 수면이다. 비렘수면 때는 안구운동이 없고 심박이나 호흡 활동이 감소하고 근육이 이완된다. 반면 렘수면에서 빠른 안구운동이 관찰되고 꿈을 꾼다고 알려져 있다.

우리가 어떤 문제를 골똘히 생각하면 그것이 꿈에 반영된다. 루이스 교수 연구팀은 사람이 렘수면으로 넘어가 무작위로 꿈을 꿀 때, 꿈에 나타난 무언가가 그 사람이 고민 중인 문제와 비슷할 경우 그 둘 사이에 연결 고리가 형성된다고 했다. 이로 인해 그동안 풀기 어려웠던 문제를 해결할 수 있는 '창의적 도약'을 하게 된다는 것이다.(《동아사이언스》, 2018. 5. 16.) 이 연구 결과를 보면 잠을 설치면서까지 어떤 궁리를 한다고 탁월한 해결점을 찾아내는 것이 아님을 알 수 있다. 성과를 내거나 창의적 발상을 하고 싶은 사람일수록 질 좋은 수면을 취해야 한다.

부자들은 운동에도 열심이다. 위에 언급했던 경영자들 모두 규칙적인 운동으로 건강을 지킨다. 동기부여, 자산관리를 주제로 강연과 집필 활동을 하고 있는 톰 콜리는 5년간 233명의 부자와 128명의 가난한 이들을 관찰한 결과를《부자 습관 가난한 습관》이라는 책으로 펴냈다. 그는 이 책에서 부자들은 하루 평균 30분씩 일주일에 4회 운동한다고 했다. 눈코 뜰 새 없이 바쁜 부자들은 대개 아침 운동을 선호했다. 아침 일찍 운동하면 에너지대사가 촉진되어 활력 있는 하루를 시작하는 데 도움이 되며, 뇌세포를 자극해서 인지 능력과 집중력을 높일 수 있다.

미국 하버드대학교 의과대학 임상정신과 교수이자《운동화를 신은 뇌》의 저자 존 레이티 박사는 운동하면 뇌 구조를 획기적으로 개선할 수 있다고 했다. 운동과 뇌의 상관관계를 연구해온 그는 운동이 생물학적 변화를 촉발해서 뇌세포를 서로 연결한다는 사실을 과학적으로 증명했다.

그가 진행한 실험 중에 미국 일리노이주의 네이퍼빌 센트럴 고등학교 사례가 있다. 네이퍼빌 센트럴 고등학교는 매일 오전 0교시에 체육수업을 만들었다. 이 수업에서 학생들은 자기 체력 내에서 최대한 열심히 1.6킬로미터 달리기를 했다. 그다음 수학이나 과학 등 머리를 써야 하는 어려운 과목의 수업을 들었다. 아이들은 학기 초에 비해 학기 말 실력이 월등히 높아졌는데, 특히 읽기와 이해력이 17% 증가했다. 0교시 체육수업에 참여하지 않은 학생들의 성적 향상이 10.7% 정도였던 것에 비하면 큰 폭의 증가이다. 미국 전체 고등학교와 비교해 성적이 높지 않았던 이 학교는 0교시 체육수업을 실시한 후 과학 1위, 수학 6위를 기록했다.

레이티 박사는 몸을 간단히 움직이는 것만으로도 두뇌가 활성화 될 수 있으므로 평소 가벼운 스트레칭이나 걷기라도 꾸준히 할 것을 권했다. 달리기, 사이클링, 수영, 필라테스, 줄넘기 등 취향에 맞는 운동을 꾸준히 하면 몸과 머리가 함께 좋아진다.

여러 과학자들이 입증한 수면과 운동의 효과는 부자들이 직접 체험하고 있다. 나도 나만의 건강 루틴을 실천하는 중이다. 수면 7시간, 하루 세끼 규칙적인 식사, 매일 아침 명상, 헬스장에서 웨이트 트레이닝으로 건강을 유지하고 있다. 유명한 사람들의 식습관, 경영자들의 수면량이나 운동법 등을 따라 할 수도 있겠으나, 그보다는 나만의 루틴을 만드는 것이 좋다. 내 몸 상태와 취향에 맞는 방법을 찾아 루틴을 만들어보자.

쇼펜하우어는 "어리석은 일 중에 가장 어리석은 일은 어떤 이익을 얻기 위해 건강을 희생하는 것"이라고 말했다. 오로지 부자가 되겠다고 하루 24시간 일에만 매몰되어서는 안 된다. 부자가 되기 전에 몸이 지쳐 파업을 선언할 수도 있다. 몸과 마음을 잘 돌보면서도 얼마든지 부자가 될 수 있다. 좀 더 정확하게 말하면 몸과 마음을 잘 돌보는 사람일수록 큰 부자가 된다.

PART
05

돈의 재생산을
지속하라

01

부자 아버지의 가장 소중한 선물

부유한 정서를 물려준다

오래전 한 경영자와 선물에 대한 이야기를 나눈 적이 있다. 마침 그의 딸 생일이 다가오고 있었는데 재력가인 아버지는 아이에게 어떤 선물을 준비할지 호기심이 일었다. 하지만 그는 특별히 준비한 건 없고 같이 시간을 보내는 것만으로도 좋지 않겠냐고 말했다.

그는 내게 가족들 생일에 어떤 선물을 주냐고 물었다. 나는 당사자가 평소 원했던 것을 주는 편이라고 답했다. 선물은 물질적인 게 최고라는 말을 덧붙이면서 말이다.

하지만 그는 가족의 생일에 시간을 선물한다고 했다. 음악을 좋아하는 딸아이 생일에는 함께 공연을 보러 가고, 야구를 좋아하는 아들 생일에는 함께 야구장을 간다. 아내의 생일에는 여행을 간다. 근사한 선물을 기대할 텐데 고작 시간을 함께 보내는 것이라니 가족들이 실망하지 않을까 싶었는데 그는 고개를 가로저었다.

"소중한 사람에게 줄 수 있는 가장 값진 선물이 시간이다. 내게 가장 소중한 것을 상대에게 내어주는 것이기 때문이다."

기업가들은 늘 바쁜 일상을 보내는 만큼 시간을 소중히 여긴다. 그들은 비즈니스 일정처럼 규칙적으로 가족과 시간을 보내기 위해 노력한다. 매일 저녁 혹은 주말에 시간대를 정해두는 것이다. 평일에 시간을 내기 어려운 이들은 반드시 주말에 시간을 내서 가족과 보내려고 노력한다. 특히 생일 같은 기념일에는 아낌없이 시간을 쓴다. 평소 부모의 바쁜 일상을 봐온 아이들은 부모와 함께 시간을 보내는 것을 감사하게 받아들인다.

그의 시간 선물은 가장 소중한 것을 내어준다는 것 외에 또 다른 의미가 있다. 부모와 자녀의 정서적인 유대를 탄탄히 하기 위한 것이다. 아이는 공연이나 경기 관람을 준비한 부모의 정성에 감동하는 한편, 그 시간에 부모와 대화를 나누면서 사이가 더 친밀해진다. 부모와의 정서적 유대관계는 건강한 자아 정체성, 타인과의 건강한 관계 형성, 세상에 대한 긍정적인 시각, 위기 대응 능력 등에 중요한 영향을 미친다. 좀 더 간단히 표현하면 부모와 행복한 기억이 많은 아이들이 행복한 사회인으로 성장할 수 있다. 어릴 때의 행복한 추억은 아이가 살아가면서 성장과 도약을 이룰 수 있는 디딤돌이 된다.

그는 자녀에게 돈을 많이 물려주면 행복할까 하고 물었다. 당시만 해도 경제적으로 여유가 없었던 나는 돈이 많으면 아이들이 더 행복할 거라고 답했다. 하지만 그는 내 생각이 잘못되었다고 했다.

"돈이 행복을 보장해주지는 않는다. 부모는 아이에게 명예를 물려주어야 한다."

점점 돈을 추구하는 사람들이 많아지는 시대이다. 돈을 많이 벌 수 있다면 가족과의 행복한 시간이나 윤리 도덕적 가치를 얼마든지 포기할 수 있다고 말한다. 가난과 친숙했던 나는 가난이 사람들의 마음을 얼마나 해치는지 잘 알고 있기에 돈을 추구하는 세태를 일면 이해했다. 그러나 그는 단호하게 고개를 가로저었다. 돈이 중요한 것은 사실이지만 그것이 전부인 양 아이들을 가르쳐서는 안된다는 것이다.

부모가 아이에게 반드시 물려줘야 하는 것이 무엇일까? 이 세상을 건강하고 행복하게 살아갈 수 있는 힘이다. 부모를 명예롭게 생각하는 아이는 세상을 어떻게 살아가야 하는지를 부모에게 배운다. 훌륭한 부모는 아이가 늘 '더 나은 삶이 무엇일까?'를 생각할 수 있도록 안내해주어야 한다. 더 나은 삶이란 오늘보다 한 걸음 더 나아간 삶이다. 단순히 학업이나 직업적 성장에 국한된 얘기가 아니다. 어제보다 오늘, 오늘보다 내일 더 즐겁게 내 삶을 영위해가는 것이다. 지금 가진 것에 감사하면서 더 멋진 미래를 꿈꾼다. 또한 주변 사람들의 행복을 위해 자신이 가진 힘을 십분 나눈다.

그는 지인의 이야기를 들려주었다. 자산이 엄청나게 많지만 늘 자녀들이 돈 문제로 다투는 통에 하루도 편할 날이 없다는 것이었다. 늘 돈만을 좇았고 부를 축적하기 위해 많은 것을 포기했다. 그러한 가치관은 자녀들에게 그대로 대물림되었다. 자녀들은 부모에 대한 감사, 더불어 사는 사회에 전혀 관심이 없다. 오로지 부모의 재산을 한 푼이라도 더 가져가기 위해 아귀다툼을 벌일 뿐이다. 그런 자녀의 모습을 보고 부모가 행복할 수 있을까. 감사하는 마음을 가져야 행복해지고 행복한 사람이 명예로운 사람이 될 수 있다.

그는 아이들과 함께 저녁을 먹기로 한 날이라며 평소보다 일찍 귀가했다. 그는 자신의 신념대로 아이들을 키울 것이고 그 아이들은 자라서 많은 사람들에게 인정받는 사회인이 될 것이다. 물론 스스로 행복한 사람이 되는 것은 두말할 나위 없다.

랜달 벨 박사는 《Me We Do Be》에서 화목한 가정을 유지하는 사람이 돈을 더 많이 벌 수 있다고 말했다. 가족과 정기적으로 저녁을 함께 먹는 사람은 그렇지 않은 사람보다 행복감을 느낄 가능성이 41% 높고, 소득이 1억 원이 넘을 가능성이 43% 높다고 한다. 돈으로 행복을 살 수 없으나 행복한 사람은 그 힘을 바탕으로 부를 쟁취할 수 있다.

성장은 기다림의 결과

자타공인 워커홀릭 대표가 있다. 누구보다 열심히 일하는 그에게 다운증후군을 앓는 외동딸이 있다. 그에게 일은 소중하지만 딸에 비하면 2순위로 밀려난다. 그는 해외 출장을 갈 때마다 반드시 시간을 내서 그 나라의 특수교육 현장을 찾는다. 다운증후군 아이들이 어떻게 교육받는지 직접 눈으로 보고 꼼꼼하게 기록해두었다가 딸의 교육에 적용했다. 그의 아내 역시 전문교사들에게 딸의 교육을 맡겼고 유명하다는 병원과 한의원을 찾아다니며 공부했다.

 딸이 어렸을 때의 일이다. 그의 얼굴이 붉게 상기되어 있기에 이유를 물어보니 학교 운동회에서 딸이 뒤에서 2등을 했다는 것이었다. 딸의 목표가 딱 한 명만 따라잡는 것이었는데 꼴찌를 면했다며 기쁨에 들떠 있었다. 남들 눈에는 하찮아 보이는 순위였으나 그들

부부에게는 기적 같은 일이었다. 부부는 다른 아이들보다 느리더라도 끊임없이 노력하여 눈곱만큼의 전진을 할 수 있도록 지도했다. 딸은 부모의 세심한 보살핌을 받으면서 잘 자랐고 미국에서 대학을 졸업하고 한국으로 돌아와 좋은 짝을 만나 결혼했다. 깊은 인내와 헌신적인 애정으로 보살핀 부모가 있어서 딸은 행복했을 것이다.

나는 30년 넘게 결혼생활을 해오는 동안 남편과 부부싸움을 거의 하지 않았다. 남편이 올곧고 바른 인성을 가진 덕분이다. 나는 억척스럽고 고집이 센 편이었으나 남편은 부드럽고 따뜻한 성품의 소유자이다. 그래서 싸우려 해도 싸울 수가 없는데 딸의 교육 문제로 의견이 달라서 몇 번 다툰 적이 있다. 나는 딸에게 뭐든지 다 해주고 가르치자는 입장이었고 남편은 그럴 필요 없다는 생각이었다.

그는 내게 가족 문제로는 절대 조급해해서는 안 된다고 조언했다. 부모로서 본을 보이면서 아이를 양육하면 언젠가 아이가 자기 능력을 마음껏 펼칠 시기가 온다는 것이다. 부모는 기쁜 마음으로 그 성장을 기다려주면 된다.

"아이는 조금씩조금씩 노력을 쌓아간다. 그 작은 최선이 모여서 아이가 성장한다. 아이의 성장만큼 부모에게 반가운 선물은 없다. 그 선물을 스스로 준비할 수 있도록 기다려주어야 한다."

그의 조언을 듣고 나는 조급증을 내려놓고 남편과의 의견 대립도 멈출 수 있었다. 내가 마음을 바꾸자 집안에 평화가 찾아왔다. 과한 마음을 덜어내니 남편과 나는 다시금 잘 맞는 짝이자 한 배를 탄 파트너의 모습을 되찾았다.

가장 믿을 만한 협력자

경제인들과 오래 만나다 보니 그들의 아내들과도 자연스럽게 친분이 생겼다. 기업 총수는 미친 듯이 일하고 아내는 돈 쓰는 재미로 살 거라고 추측하는데, 내가 만나본 총수의 아내들은 이런 경우가 거의 없다.

최상위 경영자들의 아내들은 백화점 쇼핑을 즐기지 않는다. 사치를 좋아하지 않을뿐더러 집안일을 챙기고 자녀 교육에 신경 쓰고 봉사활동을 하느라 바쁘다. 어떤 사람은 모임에 화려한 보석 반지를 끼고 나왔다가 되레 눈총을 받았다. 짙은 화장, 화려한 장신구, 매니큐어를 하고 쇼핑을 다니면서 호텔 라운지에서 수다를 즐기는 것은 할 일 없는 사람들이나 하는 행동이라고 생각한다. 방송사 카메라를 만날 때는 기업 이미지를 위해 제대로 갖춰 입고 액세서리를 착용하지만 그 외에는 잘 꾸미지 않는다. 초대를 받아 집을 방문했는데 사모님을 가사도우미로 오해한 적도 있다. 얼굴을 몰랐던 데다 수수한 차림새 때문이었다.

성공한 기업을 보면 대표인 남편에 버금가는 능력을 보유한 배우자들이 많다. 대인관계가 좋고 사람을 파악하는 눈이 뛰어나며 예의범절에 엄격하다. 회사에서 중요한 역할을 하는 직원들, 오래 일한 직원들 명단을 파악해두었다가 대소사를 챙기기도 한다. 대외적으로 봉사활동을 열심히 해서 기업 이미지를 제고하는 데 일정 부분 역할을 한다. 남편이 밖에서 하는 일이 5라면 아내가 하는 역할도 5라고 할 정도로 중요한 물밑 활동이 많다. 남편이 기업을 운영하는 동안 아내는 남편의 손이 미치지 못하는 곳을 구석구석 살피는 것이다.

경제인 부부들을 만날 때마다 사업체가 잘되는 것이나 행복한 가정을 꾸리는 것 모두 같은 원리라는 생각이 든다. 남편과 아내는 한 배를 탄 파트너로서 유기적으로 협력해야 한다. 배우자를 사랑과 존중의 마음으로 대해주고, 어떤 문제든 자기주장을 앞세우기보다 배우자의 말에 귀 기울여야 한다. 이런 부부들이 자녀들을 잘 키우고, 사업 역시 바람직한 방향으로 성장시킨다. 오너 부부의 합이 잘 맞는 기업이 안팎으로 평안하고 대외적인 평판도 좋다. 남들은 총수의 노력으로 기업이 잘된다고 생각하지만 아내의 협력이 없다면 그런 성과를 거두기는 불가능하다. 전 세계 역사를 통틀어서 행복한 가정을 바탕으로 큰 부, 큰 성공을 이룬 경우가 많다는 사실을 기억하자.

사업이 잘 풀리지 않아 고민인 사람들은 배우자나 자녀와의 관계부터 점검해보자. 가정부터 바로세우고 사업의 잘못된 지점을 풀어야 한다. 가정은 모든 관계의 근간이기 때문이다. 비틀어진 뿌리에서 건강한 가지가 뻗어나가기 힘들듯이 병든 가정에서 행복한 아이들이 자라거나 훌륭한 기업이 탄생할 수 없다. 수신제가치국평천하(修身齊家治國平天下)는 고리타분한 옛말이지만 지금도 유효한 삶의 지혜이다.

02

자녀도 부의 파트너다

재벌 2세들의 용돈 1달러의 의미

자녀가 어릴 때부터 공짜로 뭔가를 쥐어준 적이 없다는 기업가가 있다. 적은 금액의 용돈을 주고 부족하면 집안일을 도와서 받은 돈으로 충당하게 했다. 아이들이 쓰고 입는 모든 물건은 질이 좋고 저렴한 제품들이었다. 그가 자녀와 관련해 아낌없이 투자한 것은 교육뿐이었다. 초등학교를 졸업한 후 중학교 때부터 유학을 보냈는데 중고등학교 때까지는 교육비와 생활비를 지원해주었다. 그러나 대학교 때는 학비 외에 생활비는 아르바이트로 벌어서 충당하게 했다. 미국에서 학업을 마친 그의 자녀들은 한국으로 돌아와 취업했고 큰아들이 결혼하게 되었다. 그러나 그는 결혼이라는 인륜

지대사 앞에서도 자신의 철학을 굽히지 않았다.

"인생에서 중요한 일일수록 스스로 힘으로 헤쳐나가야 한다. 부모가 거들어주는 순간 아이의 능력은 반으로 줄어든다."

그는 자녀가 경제적으로 부유하게 살려면 상속이나 증여보다 올바른 경제관념이 더 중요하다고 말했다. 상속과 증여로 부모의 재산을 손쉽게 물려받아 일찍부터 많은 자산을 보유하면 아이들은 스스로의 힘으로 인생을 개척할 의지를 갖지 못한다. 언젠가 재산을 물려주더라도 그 시간은 늦을수록 좋으며 기부와 병행해야 한다는 것이다. 큰 부는 혼자만의 힘으로 이뤄진 게 아니므로 많은 사람들과 나눠야 한다는 철학을 가지고 있다. 근래 들어 부의 대물림이 사회적인 이슈가 되어 상대적 박탈감을 느끼는 사람들이 많다. 하지만 내가 아는 부자들은 대부분 사회적 책임을 생각하고 있었다.

많은 부자들이 자녀에게 올바른 경제관념을 심어주기 위해 일찍부터 경제교육을 한다. 아무리 많은 자산을 물려줘도 지킬 힘이 없다면 금세 사라지고 만다. 그는 자녀들이 어릴 때부터 직접 은행에 통장을 개설하고 용돈 기입장을 쓰게 했다. 특히 용돈 기입장을 마치 기업의 대차대조표처럼 작성하게 했다. 10대 때 주식을 하도록 권했고, 20대가 되었을 때는 아이 이름으로 저금해둔 통장을 주며 스스로 원하는 대로 투자해 돈을 굴려보도록 했다. 부자들은 부의 대물림을 공고히 하는 방법이 상속, 증여가 아닌 교육이라는 것, 낙하산으로는 자녀를 하늘 높이 비상하게 할 수 없다는 점을 잘 알고 있다.

세계적인 억만장자들도 자녀들이 어릴 때부터 철저하게 경제교육을 해왔다. 가장 먼저 시작하는 경제교육이 용돈이다. 용돈을 통해 지출 통제 능력을 훈련한다. 미국 역사상 최초의 억만장자인 록펠러 2세는 자녀들에게 용돈 기입장을 작성하도록 했다. 용돈을 3등분해서 1/3은 자신이 쓰고 싶은 용도로 쓰고, 1/3은 저축, 1/3은 기부하도록 가르쳤다. 주말이 되면 자녀들의 용돈 기입장을 검사하고 잘 관리한 아이에게는 상을 주고 잘못 관리한 아이에게는 벌금을 내도록 했다. 그가 자녀들에게 준 첫 용돈의 액수가 일주일에 30센트였다고 한다.

빌 게이츠도 자녀들의 용돈에 인색한 것으로 유명하다. 그는 12세의 딸에게 매주 1달러씩 주었다고 한다. 당시 미국 12~17세 아이들의 일주일 평균 용돈이 17달러였는데 그보다 턱없이 부족한 돈이었다. 당연히 부족함을 느낀 아이들은 집안일을 도와서 용돈을 벌었다. 빌 게이츠는 아이들이 일을 통해 돈을 버는 것이 얼마나 중요한지 깨닫게 해주었다. 부모에게 받은 돈은 쉽게 낭비할 수 있지만 스스로 노력해서 번 돈을 펑펑 쓰기는 쉽지 않다.

매년 거액을 기부하는 워런 버핏도 자녀들을 독립적으로 키웠다. 그가 15년간 기부한 액수는 우리 돈으로 44조 원이 넘지만, 자녀가 돈을 빌려달라는 부탁에 "돈은 부모가 아니라 은행에서 빌리는 것"이라는 말로 거절했다. 워런 버핏은 자녀들에게 재산을 물려주지 않겠다고 일찌감치 선언했다. 그의 자녀들은 아버지의 결정을 지지했으며 각자 일을 하면서 열심히 살아가고 있다.

버핏은 어릴 때부터 남다른 경제 감각을 드러냈다. 그는 여섯 살때 콜라 캔 6개들이 상자를 25센트에 사서 캔 하나당 5센트에 되팔았다. 상자 1개당 5센트의 이익을 취한 것이다. 11세 때부터 아버지의 지도로 주식투자를 시작했고, 중고 골프공을 팔았으며, 신문배달을 했다. 어릴 때부터 경제교육을 철저히 받은 버핏은 자녀들에게도 그렇게 교육했다.

부자들이 경제교육을 하는 목적은 돈이 무엇이고, 어떻게 벌 수 있으며, 어떻게 써야 하는지를 알려주기 위해서다. 인간의 삶에서 돈이 어떤 역할을 하는지를 잘 모르는 아이들이 물질적으로 풍족한 환경에 노출되어 돈의 맛에 중독되어서는 안 된다. 돈의 다면적인 모습을 알려주고 돈을 통제하고 불리는 능력을 갖추도록 이끌어야 한다.

부자들은 자녀들에게 올바른 경제관념을 심어주기 위해 자신부터 노력한다. 아이들은 부모의 모습을 보고 돈을 사용하는 방법을 배운다. 작은 부자는 부모가 소비하는 모습을 보고 자란다. 조금의 여유가 생기면 명품에 눈을 돌리고 해외여행을 하거나 비싼 차와 집을 사는 데 관심을 갖는다. 반면 큰 부자는 부모가 투자하는 모습을 보고 자란다. 소비는 일부분이고 나머지 수입을 재산 증식에 할당한다. 소비를 하더라도 효용성을 최대한 살려서 돈을 쓴다. 부모에게 보고 배운 것이 다르다면 성인이 되었을 때의 모습도 달라질 수밖에 없다.

사람을 물려줄 수 있을까?

부자들은 재산을 상속하거나 증여하기보다 아이 스스로 경제적인 힘을 갖출 수 있도록 가르친다. 이런 부자들이 자녀에게 꼭 물려주고 싶어 하는 것이 바로 인맥이다. 다수의 부자들이 해외 유학을 보내는 것도 인맥을 만들어주기 위해서이다.

흔히 영어 때문이라고 생각하기 쉬운데 부자들은 영어 실력을 키워주기 위해 유학을 보내지 않는다. 과거 우리나라 창업 1세대는 영어를 잘 못해서 해외 사업에 어려움을 많이 겪었다. 통역관을 대동하는 불편함을 알기에 자녀들에게 열심히 영어를 가르쳤다. 하지만 영어 실력은 한국에서도 얼마든지 키울 수 있다. 영어 실력이나 근사한 학벌을 갖추기 위해서가 아니라 다양한 국적의 사람들과 교류할 수 있도록 선진국으로 유학을 보내는 것이다.

부자들은 자녀들에게 왜 글로벌한 인맥을 만들어주려고 하는 걸까? 해외에서 사업할 때 매우 중요하기 때문이다. 부자들은 사업이 글로벌하게 확장되길 희망한다. 현지에서 사업하려면 그 나라 정치·경제·사회·문화적 배경을 이해해야 하고 현지 사람들의 특징과 기호 등을 잘 알아야 한다. 부자들은 자녀들이 유학 생활을 통해 그 나라를 이해하고 필요한 인맥을 갖출 수 있기를 기대한다.

"돈을 물려주지 말고 교육을 통해 지적재산을 물려주는 것이 더 중요하다."

유학을 갈 수 있다면 그렇게 해도 좋고, 그렇지 않다고 해도 요즘은 온라인으로도 선진국의 교육을 받거나 다양한 국적의 사람들을 만날 수 있다. 해외에서 1~2개월 거주하며 그 나라를 경험해보는 것도 좋은 방법이다. 부모가 자녀에게 돈을 물려주는 것보다 더 넓은 세상을 보여주는 것이 훨씬 가치 있다.

나는 부자들에게 배운 교육관을 학원에서 활용하고 있다. 1년에 한 번 아이들에게 경제교육을 실시해 용돈을 받으면 얼마를 쓰고 얼마를 저축해야 하는지 알려준다. 달란트 행사 때 진짜 돈을 주어 저축하게 하고, 명절 때는 5천 원과 2달러를 주면서 한국 돈은 쓰고 달러는 저축하라고 한다. 저축하는 돈과 쓰는 돈을 구분하는 습관을 들이기 위해서이다. 우리 학원의 이 행사는 동네 은행에 알려질 정도로 유명하고 부모들의 만족도도 높다.

부자들이 교육만큼은 아낌없이 투자하고 유학을 통해 시야를 넓히고 인맥을 만들어주는 것을 보면서 교육의 중요성을 새삼 느꼈다. 학원 아이들에게 틈날 때마다 공부의 중요성을 설명하고, 책이나 시청각 자료를 통해 세계 여러 나라의 문화를 보여준다.

나는 비록 부자가 되지 못했지만 자녀만큼은 부자로 만들고 싶은 사람들이 많을 것이다. 그분들에게 권하고 싶다. 자녀에게 가정의 경제적인 형편을 있는 그대로 보여주되 미래 지향적인 준비를 꼭 알려주라고 말이다. 물질을 물려주는 것보다 건강한 사고를 키워주는 것이 훨씬 더 중요하다.

자녀를 부자로 만들겠다고 나의 오늘을 희생할 필요 없다. 자녀에게 모든 것을 쏟아붓느라 나의 노후를 대비하지 못하면 그 또한 자녀에게 부담으로 돌아갈 것이다. 자녀가 해야 할 내 집 마련을 대신하기보다 올바른 교육을 통해 부자가 될 지식과 지혜를 전해주어야 한다. 자녀가 부모로부터 경제적인 독립을 이루는 것만큼 좋은 것은 없다.

03

우등생과 CEO의 공통점

공통점 1. 기가 막힌 정리정돈

기자 생활을 접고 학습지 방문 교사로 일하던 시절, 열심히 가르친다는 입소문이 돌아서 수업을 맡아달라는 문의가 끊이지 않았다. 개중에는 부자들도 있었고, 공부를 꽤 잘하는 아이들의 부모들도 있었다.

학습지 교사 생활 10년 동안 대략 2천여 가정을 방문했던 것 같다. 재미있는 점은 우등생이 사는 집과 기업 회장이 사는 집에 몇 가지 공통점이 있다는 사실이었다. 우등생 부모는 회장 부부와 여러모로 닮은 점이 있었다.

공부 잘하는 아이의 집은 현관부터 달랐다. 신발은 가지런히 정돈돼 있고 불필요한 물품 없이 정갈했다. 부모는 방문 교사가 몇 시에 집에 오는지 정확히 알고 있고, 그 시간에 맞춰 간식과 음료를 준비해둔다. 거실과 부엌, 아이방도 깔끔하게 정리돼 있었다.

우등생의 책상은 정리정돈의 모범을 보여준다. 공부 순서에 맞게 책을 가져오라고 하면 아이는 정확하게 책을 찾아서 펼쳐 보인다. 어디부터 공부해야 하는지도 정확하게 알고 있다. 가방 속에는 그날 수업할 책과 노트가 가지런히 정돈돼 있다. 공부를 잘하지 못하는 아이들은 정반대이다. 책이나 프린트물을 찾느라 한참 두리번거린다. 가방 속에는 온갖 개인용품이 뒤섞여 있다. 어디를 공부해야 할지 몰라 책장을 뒤적이고, 배운 것도 기억하지 못한다.

내가 만난 기업가들도 공부 잘하는 아이와 같았다. 회사, 공장, 집의 정리정돈에 철저했다. 자기 책상도 정리하지 못하는 사람은 일을 잘할 수 없다고 생각한다. 정리정돈은 업무 효율을 높이는 데 중요한 역할을 한다.

공통점 2. 철저한 사전 준비

전교 1등을 도맡아 하는 학생들에게 학교에 다녀와서 무슨 일을 하는지 물어보았다. 내일 수업 스케줄에 맞게 미리 예습한다고 했다.

예습하면서 궁금한 부분, 잘 이해되지 않는 부분, 중요한 부분을 형광펜으로 표시해둔다. 수학은 문제 풀이를 한다. 교과서를 정독한 다음에는 문제집에서 해당 부분의 문제를 풀어본다. 예습하는 이유는 자신의 취약점을 미리 확인하기 위해서이다. 자신이 표시해둔 부분을 수업 시간에 선생님이 설명하면 자연스럽게 집중도가 높아져 이해하기 쉽다. 예습 시간은 1~2시간 정도인데, 학기 초에는 조금 오래 걸리다가 점점 이해도가 높아지면서 시간이 줄어든다고 했다.

복습은 언제 하는지 물어보니 우등생들의 공통 답변은 수업이 끝난 직후였다. 수업 후 쉬는 시간에 배운 내용을 다시 한 번 읽어본다는 것이었다. 예습보다 복습을 먼저 하고 짧은 시간을 최대한 효과적으로 활용했다. 이것은 인간의 기억력의 한계를 방어해줄 수 있는 방법이다.

독일의 심리학자 헤르만 에빙하우스(Hermann Ebbinghaus)의 망각곡선에 따르면 인간의 기억 소실은 기억이 입력된 직후부터 발생한다. 1시간이 경과했을 때 기억 소실은 55.8%, 하루에 66.3%, 6일 후엔 74.6%에 달한다. 그래서 배운 것을 제대로 기억하려면 즉각적인 복습과 반복 학습이 중요하다.

우등생들은 즉각적인 복습, 하루 앞선 예습, 반복 학습을 충실히 수행한다. 단지 엉덩이를 붙이고 오래 앉아 있는 것이 아니라 주어진 시간에 최대한 집중력을 살려 공부한다. 이렇게 공부하면 학원이나 과외도 필요 없다는 생각이 든다.

기업가들의 사전 준비도 우등생과 같다. 하루 일과를 전날 미리 점검하고, 미팅을 앞두고 있을 때는 상대의 정보를 꼼꼼하게 조사한다. 어떤 업무이든지 당일 앞서 마무리한다. 신문사로부터 기고 부탁을 받으면 마감일 일주일 전에 글을 작성해서 제출하고 수정 보완 의견을 받으면 그에 맞게 고쳐서 최종 마감일에 끝낸다. 다른 사람들은 마감일에 임박하거나 기한을 넘겨서 원고를 제출해 일정이 급박하게 굴러가는데, 기업가들은 마감일에 맞춰 수정까지 끝내니 편집자들의 만족도가 높다.

사업에 성공한 사람에게 비법을 들어보면 막상 특별한 것은 없다. 명문대를 진학한 학생이 교과서 위주로 공부했다는 식상한 답변처럼 사업가도 기본에 충실했을 뿐이라고 말한다. 뭐든지 철저하게 준비하니 성공 확률이 높아지고 각종 변수에 대처하기도 수월하다. 성공 비법은 평범한 일상의 성실함에 있다.

공통점 3. 불필요한 잔소리 배제

공부를 잘하는 우등생, 사회적으로 성공한 사람 뒤에는 훌륭한 어머니가 있다. 그 어머니들의 공통점 중에 하나가 잔소리하지 않는 것이다. 자녀를 잘 키우고 싶은 욕구가 강한 만큼 잔소리를 안 하기가 어려운데 성공한 사람들의 어머니는 불필요한 잔소리를 하지 않을뿐더러 아이가 잘못해도 몰아붙이지 않고 조곤조곤 의사를 전달한다.

한번은 어느 집에 시간 맞춰 방문했는데 아이가 집에 없었다. 5시 약속인데 20분이 지나도 나타나지 않았다. 어머니는 아이를 찾아 학교와 친구들 집으로 전화를 했다. 그래도 행방을 알 수 없어 어머니는 무척 미안해했다. 30분이 지나자 아이가 모습을 드러냈다. 현관에서 들어오는 아이를 보면서 폭풍 전야의 긴장감을 느꼈다. 이제 어머니 입에서 엄청난 분노가 쏟아져 나오겠구나 싶었다.

그런데 어머니는 차분하게 무슨 일이 있었냐고 물었다. 아이가 친구랑 놀다가 깜박하고 시간을 놓쳤다고 답하자 어머니는 선생님이 오래 기다리셨으니 사과드리고 얼른 수업받으라고 했다. "선생님이 가시고 나서 얘기하자"는 어머니의 말투에도 전혀 분노가 배어 있지 않았다. 차분하게 아이를 배려하고 상황을 수습하는 모습이었다.

수업을 마치고 어머니에게 어떻게 그렇게 차분할 수 있는지 물었다. 그러자 어머니가 말했다. "제가 나무라지 않아도 아이는 자기 잘못을 알고 있을 테니까요. 게다가 불안한 마음으로 집에 돌아왔을 텐데 엄마가 화내면 주눅 들어 공부할 수 없었을 거예요. 수업 분위기가 엉망이 됐겠죠." 어머니는 내가 가고 나서 충분히 대화를 나눌 생각이라고 했다.

아이의 잘못을 그냥 지나치지 않되 심리를 읽어주면서 한 발 물러서는 절제력을 보여주는 어머니의 태도가 놀라웠다. 물론 어머니가 아이를 믿어주고 목소리 톤을 높이지 않는다고 해서 모든 아이가 다 우등생이 되는 것은 아니다. 그러나 적어도 그런 태도가 아이에게 좋은 본이 되는 것은 틀림없다. 아이는 부모를 통해 세상을 본다. 자신을 믿어주는 부모를 보면서 아이들은 자기 신뢰와 자신감을 키워갈 수 있다.

아이를 키우는 법과 직원을 키우는 법은 일맥상통한 면이 있다. 회사 대표가 사무실 구석구석 다니면서 직원들에게 참견해대면 직원들은 대표의 얼굴만 봐도 고개를 돌린다. 그런 분위기에서 소통이 있을 수 없고 힘을 합쳐 성과를 만들어낼 가능성도 적다. 부모가 폭풍 잔소리를 한다고 아이가 우등생이 될 리 없는 것처럼 말이다.

회사를 성장시킬 줄 아는 회장님들은 직원들에게 자잘한 참견을 늘어놓지 않는다. 직원에게 책임과 권한, 자율성을 부여한다. 직원이 창의적으로 일하도록 보장하되 책임질 일이 발생하면 리더로서 회장이 수습한다. 열심히 일하라는 잔소리를 늘어놓기보다 능력을 발휘할 환경을 만들어주고 한 발 물러나서 지켜본다. 성과를 내면 직원의 공을 인정해준다. 한마디로 일할 맛이 난다. 아이들이 공부할 맛을 느낄 수 있도록 환경을 조성할 줄 아는 우등생 부모와 닮은꼴이다.

공통점 4. 공부의 중요성을 뼈에 새기기

공부를 잘하는 학생과 그렇지 않은 학생의 차이는 무엇일까? 공부의 중요성을 아는가, 모르는가 하는 것이다. 공부를 잘하는 아이들은 자신이 공부해야 하는 이유를 또렷이 알고 있다. 부모님이 좋아해서가 아니라 내가 어떤 직업을 갖고 싶어서, 이다음에 커서 어떤 일을 하기 위해서 등과 같이 자기 꿈과 공부를 연결한다. 공부해야할 이유가 분명하니 재미없고 힘들어도 참아낼 수 있다.

공부 잘하는 아이들은 미래를 대비한다. 미래는 오늘날과 많이 다른 모습일 것이다. 나는 가끔 이런 상상을 한다. 아침에 한국의 집에서 눈을 떠서 싱가포르로 출근했다가 오후에 미국에서 미팅을 하고 퇴근해서 한국으로 돌아오는 시대를 말이다. 우등생들은 지구촌이 하나의 생활권이 되는 시대를 대비해 어학 공부에 열심이다. 영어는 기본이고 제2, 제3 외국어까지 공부한다.

기업을 이끄는 CEO도 공부의 중요성을 잘 알고 있다. 경영자의 결정 하나에 기업의 미래가 달렸기에 배움을 소홀히 할 수 없다. 공부해야 아는 것이 많아지고, 아는 것이 많아지면 내가 시도할 수 있는 것들이 많아진다. 모르고 덤비는 것보다 알고 덤볐을 때 실패 확률을 낮출 수 있다. 급변하는 세상에서 내가 아는 것보다 모르는 게 더 많다. 업계 동향, 글로벌 시장의 움직임, 발달하는 기술 등 공부하지 않으면 따라잡을 수 없다. 뒤처진 기업은 성공할 수 없다. 경제인들이 바쁜 시간을 쪼개서라도 조찬 모임에 나와 강연을 듣고 대학원에 다니면서 학업의 끈을 이어가고 책을 탐독하는 이유도 그 때문이다.

외국어 공부를 하는 경제인들도 많다. 마크 저커버그는 중국어 공부에 열심이다. 빌 게이츠는 늘 책을 읽으며 공부에 소홀히 하지 않았음에도 인생에서 가장 후회스러운 일이 무엇이냐는 질문에 어떤 외국어도 구사할 줄 모르는 자신이 멍청하게 느껴진다고 답했다. 미래에 글로벌 기업가를 꿈꾸는 젊은이들에게 제2, 제3 외국어 능력은 필수이다.

우등생 집과 기업 회장 집의 공통점을 정리하면서 생활 습관의 중요성을 깨닫는다. 좋은 생활 습관은 좋은 성과를 부른다. 우리는 남이 잘되는 걸 보면 운이 좋다며 부러워하지만, 잘되는 데는 그만한 이유가 있다.

04

부의 대물림은 저녁 식탁에서 시작된다

위대한 경제교육의 시작

내가 만난 경제인들은 우리나라 창업 1~2세대가 대다수이다. 창업 1세대는 부모에게 큰 자산을 물려받은 사람보다 스스로 기업을 일궈낸 자수성가형이 압도적으로 많다. 무에서 유를 창조해야 했으므로 업무 강도가 상상을 초월하는 수준이었다. 분초를 다툴 정도로 바쁘게 일한다는 건 과장이 아니라 지극히 사실적인 표현이다.

매일 정신없이 바쁜 사람들인데도 일정에 반드시 넣어서 지키려고 했던 행사가 있다. 가족과의 식사이다. 평일에 도저히 시간을 내기 어렵다면 주말이라도 시간을 내서 함께 식사하며 대화를 나눈다. 가족과 할 수 있는 다른 활동도 많을 텐데 꼭 밥을 먹으려고 한 이유가 무엇일까? 한 기업가의 답은 이랬다.

"부모가 아이의 몸과 마음을 채워줄 수 있는 공간으로는 밥상머리가 가장 좋다. 사랑하는 마음과 관심을 전하고 부모로서 아이에게 들려주고 싶은 이야기도 해줄 수 있는 최적의 기회이다."

가족이 함께 밥을 먹는다는 것은 여러 가지 이점이 있다. 우선 제때 끼니를 챙김으로써 몸이 건강하고, 부모와 정서적인 교류를 함으로써 정신건강에 더할 나위 없이 유익하다. 부모에게 관심과 애정을 받는 아이의 심리적인 안정감은 그렇지 않은 경우보다 훨씬 더 뛰어나다는 사실이 많은 과학자들의 연구로 입증되었다.

미국 컬럼비아대학교 약물남용중독관리센터의 연구에 따르면 가족과의 식사 횟수와 청소년의 음주, 흡연, 마약 경험률이 반비례한다고 한다. 가족과 일주일에 최소 5~6회 저녁을 함께하는 청소년들은 일주일에 2회 이하로 식사하는 또래에 비해 음주, 흡연, 마약을 할 확률이 떨어진다는 것이다.

비슷한 연구 결과로 2004년 미네소타대학교의 EAT 프로젝트가 있다. 학생 4천 명을 대상으로 연구한 결과 가족과 식사를 하지 못하는 학생들일수록 우울증과 자살 충동, 흡연, 음주, 마약을 할 확률이 높다고 한다. 대개의 부모들은 사춘기 아이들이 부모와 얘기하기를 싫어한다고 착각하지만 연구 결과를 보면 아이들의 우울감과 불안을 해소하는 데 부모와의 친밀한 유대가 굉장히 중요하다.

하버드대학교 캐서린 스노 박사 연구팀은 만 3세 어린이가 책을 통해 배우는 단어는 140개인데 가족 식사를 통해 배우는 단어는 1천 개에 달한다고 발표했다. 어릴 때의 어휘력은 고등학교 때의 이해력과 연관성이 있다. 어릴 때 화목한 가정에서 자란 아이일수록 학습 능력이 뛰어날 확률이 높은 것이다.

세계적인 경영자들은 이러한 밥상머리 교육의 효과를 잘 알고 있는 듯하다. 델 컴퓨터의 창업자 마이클 델은 어릴 때부터 남다른 사업가 기질을 드러냈다. 12세 때 우표를 팔아서 2천 달러를 벌었는데, 자기 우표도 아닌 남의 우표를 대신 판 것이었다. 우표를 소유한 사람에게 우표를 확보해 목록을 만들고 구매 희망자들에게 목록을 보내서 판매하는 방식이었다. 마을에 새로 이사 온 사람이나 신혼부부의 집 주소를 파악해서 신문 구독을 유치해 돈을 벌기도 했다.

그는 PC 시장이 커지고 있을 때 대학을 중퇴하고 사업에 뛰어들었다. 직접 조립식 컴퓨터를 만들어 터보PC라는 이름을 붙여 판매했는데 성공적이었다. 델은 1992년 〈포춘〉이 선정한 세계 500대 기업에 당당히 이름을 올렸다. 당시 그의 나이는 고작 27세였다. 2002년에는 〈포춘〉 선정 세계 젊은 부호 1위에 올랐다. 지금도 현업에서 왕성하게 활동하고 있으며, 회사의 자산 가치는 계속 증가하고 있다.

그의 빼어난 사업 수완과 금융 감각은 어떻게 길러졌을까? 그가 스스로 밝힌 것은 어릴 때 부모님과의 저녁 식사였다. 그의 부모는 꼭 자녀들과 다 함께 모여 저녁을 먹었다. 저녁 식사 자리는 가족 간에 정을 나누면서 경제교육을 하는 장이기도 했다. 인플레이션이 발생하면 어떤 일이 일어나는지, 미국 연방준비제도이사회가 하는 일은 무엇인지, 주식을 사고파는 법 등 다양한 경제 지식을 아이들에게 들려주었다. 아이들은 부모의 이야기를 듣기만 하지 않고 자기 생각을 자유롭게 표현했으며, 주제를 정해서 토론을 벌이기도 했다. 델은 어린 시절의 경험을 바탕으로 자신의 자녀들과도 반드시 함께 저녁 식사를 했다.

빌 게이츠의 아버지 윌리엄 H. 게이츠 시니어는 일요일 저녁을 가족과 함께한다는 원칙을 지켰다. 빌 게이츠는 아버지와 함께한 언론과의 인터뷰에서 "부자가 함께 여행하거나 식사하는 것은 정말 큰 차이를 만들어낸다. 자선활동이나 사업에서도 부모님에게 많은 것을 배웠다. 부모님과 대화를 나눈 경험을 바탕으로 나이 든 분들과 소통하는 방법을 터득했다"고 밝혔다.(〈중앙일보〉, 2009. 6. 23.)

미국 대통령을 배출한 명문가 케네디 가문 역시 밥상머리 교육을 중요하게 여겼다. 존 F. 케네디의 어머니 로즈는 화제(話題)를 구분하기 위해 9남매의 식사를 두 번 차렸다. 어린아이들에게는 쉬운 질문을, 연령이 더 높은 아이들에게는 좀 더 차원 높은 질문을 던져서 생각을 표현하도록 했다. 식탁 근처에 신문이나 잡지 기사를 잘라서 붙여놓고 그것을 화제로 삼았다. 식사 자리의 토론에서 아이들은 다른 사람의 의견을 귀 기울여 듣고 자신의 생각을 조리 있게 말하는 훈련을 한 것이다. 아버지 조지프 케네디는 밥상머리에서 자기 사업 이야기를 아이들에게 들려주었다. 이를 통해 아이들은 비즈니스의 기본 개념, 문제 해결 방안 등을 배웠다. 아버지는 평소 잔소리를 삼갔으며 아이들의 자율성을 존중하고 긍정적인 이야기를 해주었다.

밥상머리 교육의 원칙이 있다. 부모가 훈육이나 야단을 치는 시간이 되어서는 안 된다는 것이다. 교장 선생님 훈화처럼 일방적으로 당부하는 방식이 아니라 쌍방향 소통이 되어야 한다. 부모는 긍정적이고 편안한 분위기에서 아이에게 사랑과 따뜻한 응원을 전한다는 마음으로 대화를 열어야 한다. 교육이라고 해서 거창하게 독서 토론을 이어가는 것이 아니라 아이들의 반응을 보면서 자연스럽게 대화를 나누는 것이다. 일상적인 이야기를 나누는 정도로도 충분하다.

자녀에게 조언을 구하는 아버지

한 기업인의 집에 식사 초대를 받은 적이 있다. 모든 가족이 둘러앉은 저녁 식사 자리에서 그는 그날 있었던 계약 건에 대해 얘기해주었다. 당시 그의 자녀들은 중고등학생이었는데 아버지의 말을 경청하면서 궁금한 점을 질문했고 그는 아이들의 눈높이에 맞춰 친절하게 설명해주었다.

재미있는 것은 상황에 맞지 않는 의견들이 다수였음에도 일일이 귀 기울이고 답해주었다는 점이었다. 하루 일과를 마치고 집으로 돌아가면 조용히 쉬고 싶을 텐데도 그는 가족과 대화를 나눴다. 그보다 아이들이 훨씬 말을 많이 했다. 그가 가장 많이 한 말은 2가지였다. "아빠가 내린 결정에 대해 너는 어떻게 생각하니? 그렇게 생각하는 이유가 뭘까?" 이 두 문장이 아이들의 생각을 끊임없이 자극했다.

식사를 마치고 나는 그런 대화가 귀찮지 않느냐고 물었다. 그는 습관이 되어 괜찮다면서 자녀들과 대화를 나누는 것은 아버지로서 반드시 지켜야 할 의무라고 했다.

"아이는 저절로 자라지 않는다. 부모가 적절한 양분을 주어야 잘 자랄 수 있다. 식물에게 양분이 햇빛과 물이라면 자녀에게는 부모와의 마음을 담은 대화야말로 좋은 양분이다."

밖에서 일하고 집에 돌아오면 아무것도 하고 싶지 않다는 생각이
드는 건 어찌 보면 당연하다. 그러나 귀찮은 몸과 마음을 극복해야
한다. 아이들을 잘 키우고 싶다면 말이다. 귀찮음에 굴복하는 순
간 아이들 교육, 가족 간의 관계는 뒷전으로 밀려난다. 하루 종일
부모를 기다린 아이들과 마음을 나눈다는 생각으로 대화에 임해야
한다. 서로의 일상을 나누고 관심사를 경청하면서 서로를 들여다
보면 애정이 돈독해진다. 그는 그런 대화를 나누기에 식사 자리가
가장 적합하다고 했다. 식사할 때는 가족들이 서로 말하려고 한다
면서 시끄러운 식탁을 만드는 게 목표라고 했다.
　그가 질문을 많이 하는 이유는 무엇일까? 부모와 자녀의 대화는
일방통행이 되기 쉬운 만큼 질문을 통해 아이의 생각을 듣기 위해
서라고 했다. 부모가 말하는 위치가 아닌 듣는 위치로 만들어주는
것이 질문이다.

"질문은 관심이자 애정이다."

상대에게 애정이 있고 상대의 생각에 관심이 있어야 질문을 할
수 있다. 아이들은 자기 말에 귀 기울이는 부모를 보면서 자신들을

얼마나 사랑하는지를 느낄 수 있다.

질문의 효과는 또 있다. 아이들의 사고를 키울 수 있다는 것이다. 너의 생각은 무엇이고 왜 그렇게 생각하느냐는 질문은 자기의 주장과 근거를 묻는 것이다. 아이들은 이런 질문을 통해 타인 앞에서 자기 생각을 체계적이고 논리적으로 말하는 방법을 배운다. 그리고 스스로 생각하는 힘을 통해 문제 해결 능력을 키울 수 있다.

질문의 세 번째 효과는 나와 다른 관점이 얼마든지 존재할 수 있음을 깨닫는 것이다. 나와 생각이 다른 타인을 만났을 때 싸우지 않고 차근차근 의견을 나눠서 합의점에 도달하는 방법을 배울 수 있다. 상대의 주장을 경청하고 예의를 갖춰 조리 있게 내 주장을 펼치는 법을 훈련하는 것이다.

부모가 자녀에게 질문할 때 주의할 점은 교육의 목적을 달성하겠다고 억지로 철학적이거나 학습적인 질문을 던지지 않는 것이다. 자유로운 소통을 우선시해야 한다. 기계적인 질의응답이 아니라 활발한 소통이 되려면 아이들의 호기심과 궁금증을 자극하는 기술이 중요하다.

그의 질문법은 가정뿐 아니라 회사에서도 이어진다. 그는 직원들이 업무 보고를 하면 주의 깊게 들은 다음 질문을 던졌는데 '왜', '어떻게'라는 단어가 가장 많다. CEO로서 상명하달식의 일방통행을 하지 않고 실무자들의 의견을 경청한 다음 근거와 구체적인 실행 방안을 물어봄으로써 창의력과 사고력을 자극한다.

그처럼 질문법을 잘 구현하는 이들이 바로 유대인들이다. 유대인들은 자녀들에게 질문을 통해 능동적 사고력을 가르치는 것으로 잘 알려져 있다. 짝을 정해 서로 질문하고 토론하는 하브루타(Havruta)는 그들의 일상이다. 상대를 이기겠다는 목적이 아니라 타인의 의견을 경청하고 내 의견을 논리적으로 펼쳐서 설득하는 데주안점을 둔다. 그 과정에서 창의력과 사고력을 비롯해 상대에 대한 배려, 열린 태도 등을 배울 수 있다. 한국인의 평균 IQ가 106으로 세계 2위인데도 과학 분야에서 노벨상 수상자가 전무하고, 이스라엘은 94로 45위에 불과하지만 전 세계에서 노벨상을 가장 많이받은 민족이다. 그 비결은 바로 질문의 힘이다.(세계 185개국을 대상으로 한 영국 리처드 린 교수팀 조사, 2002년)

우리나라에서 유대인 교육법이 대중적인 관심을 받기 전부터 여러 경제인들은 자녀에게 질문을 통한 교육법을 실현하고 있었다. 위의 기업가에게 이야기를 들었을 때만 해도 유대인들의 교육법을잘 몰랐으나, 학원을 운영하면서 하브루타에 관심을 갖고 교육에적용하고 있다.

부를 물려받을 자격

"안녕하세요. 저는 ○○학교 ○학년 ○반 ○○○입니다. 오늘 ○○이 와 놀고 싶은데 어머니께서 허락해주시면 감사하겠습니다. (중략) 감사합니다. 그럼 제가 기사님을 ○○이 집으로 보내도 괜찮을까요?"

이 아이는 R사 창업주의 손자로 초등학교 때부터 철저한 생활교육을 받은 것으로 유명하다. 인터뷰를 하기 위해 R사 대표 집을 방문했을 때 아이가 통화하는 소리를 듣고 적잖이 놀랐다. 전화 거는 법, 어른과 말하는 법, 기본 예절, 식사 교육, 용돈 교육 등 깍듯한 예의와 반듯한 태도가 몸에 배어 있었다.

다른 대표를 만나러 갔다가 시간이 남아 주거단지 내 정원에서 책을 보고 있었는데, 근처에서 이 아이와 어머니가 영어로 얘기하고 있었다. 그 어머니와 내가 시선이 마주친 순간 그녀의 말이 갑자기 우리말로 바뀌었다. 아이는 계속 영어를 사용했다. 오늘 친구가 집에 오면 어떤 간식을 줄 것인지 엄마에게 묻고 있었다. 아이의 말에 어머니가 우리말로 작게 소곤거렸다. 다른 사람이 있으니 한국말로 하자는 어머니의 말을 아이는 이해하지 못했다. 어머니는 다시 작은 목소리로 다른 사람이 있는 곳에서 우리끼리 영어로 말하면 오해할 수 있다고 말했다. 같은 공간에서 두 사람이 외국어로 대화를 나누면 나머지 한 사람은 내 말을 하는 것은 아닌지 신경 쓰일 수 있다. 타인을 배려해야 한다는 점을 아이에게 가르쳐준 것이다.

R사 창업주는 아들에게 엄격한 승계 교육을 했다. 외국에서 공부를 마친 아들은 현지 기업에 취업해 10여 년간 일했다. 그런 다음 한국으로 돌아와 자기 회사를 창업해 5년 넘게 운영했다. 아들이 처음 일한 외국 기업은 아버지 회사와 동종업종이었고, 한국에서 창업한 업종은 동종은 아니지만 관련 업종으로 추후 사업 확장 측면에서 좋았다. 창업주는 평소 사주의 아들이라고 해서 무조건 회사를 물려받아서는 안 되고, 필요한 자격과 경험을 갖춰야 한다는 소신을 밝혀왔다. 말은 그렇게 해도 피붙이에게 약해지는 것이 인지상정이지만 R사 창업주는 꿋꿋이 자기 소신을 지켰다.

아들은 15년 넘게 경험을 쌓은 후 아버지 회사에 입사했다. 외국 회사에서도 스카우트 제의를 할 만큼 실력을 쌓았기에 회사 내부의 어느 누구도 그를 낙하산으로 보지 않았다. 어릴 때부터 아버지로부터 어떻게 일해야 하는지 교육받은 아들은 후계자라는 오만함 없이 임직원들과 협력해서 일해나가고 있다.

R사를 볼 때마다 발렌베리 가문이 생각난다. 세계적 기업들의 지분을 다수 보유한 스웨덴의 명문 가문으로, 일렉트로룩스, 제약회사 아스트라제네카, 스칸디나비아항공 등이 이 가문의 영향하에 있다. 발렌베리그룹의 시가총액은 스웨덴 전체의 40%이고, 그룹 소

속 기업들의 총생산 규모는 스웨덴 GDP의 30% 이상을 차지한다.

발렌베리 가문의 자녀 교육법은 많은 이들의 관심 대상이다. 조부모가 손자손녀의 멘토가 되는 격대교육을 하는 것으로 유명하고, 일요일 아침마다 부모가 자녀와 숲에서 산책하며 함께 대화를 나눈다. 기업을 물려받으려면 몇 가지 조건을 충족해야 하는데 부모의 도움 없이 명문대를 졸업할 것, 해군사관학교를 졸업할 것, 애국심을 갖출 것, 세계적인 회사에서 실무 경험을 쌓을 것, 국제적인 인적 네트워크를 구축할 것, 10년 이상 후계자 평가를 받으며 견제와 균형을 위해 2인으로 선정할 것, 그룹 계열사의 경영진으로 참여해 경영 수업을 받고 스웨덴 은행 SEB의 CEO를 교대로 수행할 것 등이다. 이외에도 소유하되 지배하지 않는다는 원칙에 따라 각 회사들의 독립경영을 보장하고, 여러 재단을 만들어 수익금을 기부하여 과학기술 발전을 지원하는 등 사회공헌 활동에도 열심이다. 검증을 통해 선발된 후계자 2인은 경영에 참여하고 배당금을 받지만 이를 재단으로 귀속시켜 기술 발전을 지원하는 데 사용한다. 발렌베리 가문이 150년 넘게 경영을 세습하고 있는데도 대중의 존경을 받는 가문이 될 수 있었던 것은 이런 원칙을 철저히 지켰기 때문이다. 부를 물려받을 준비가 되었을 때 대물림하니 자녀도 기업도 행복한 결과를 맞이한다.

R사와 발렌베리 가문을 보면 품격과 교양은 결코 통장의 액수에

서 나오는 것이 아님을 알 수 있다.

우리나라는 예로부터 밥상머리 교육을 중요시했다. 몸과 마음을 함께 살찌울 수 있는 훌륭한 교육법인데도 옛날 유물처럼 취급하는 것이 안타깝다. 모든 전통이 고리타분하지 않으며 시대를 초월한 가치를 지닌 것들도 많다. 이 시대에 꼭 필요한 전통은 따르고 지켜나갔으면 하는 바람이다.

일부 부유층 자제들의 불미스러운 사건이 심심찮게 언론에 보도되고 있다. 그런 소식을 들을 때마다 밥상머리 교육이 취약해진 현실이 씁쓸하다. 부자가 3대를 가지 못한다는 속설 역시 예절교육과 인성교육에 소홀한 탓이다. 내가 부자가 되더라도 자녀의 인성을 바로잡아 주지 못하면 부의 대물림은 실패할 수밖에 없다. 밥상머리 교육의 부활이 어느 때보다 절실하다.

05

부모보다 더 부유한 세대

노동의 가치는 있다

우리나라 부자들의 상당수가 자수성가형이다. 고생해서 이룬 부를 자기 대에서 끝내고 싶은 사람은 없을 것이다. 모두 자녀들이 뒤를 이어 부를 잘 키워가기를 바란다. 아이들은 부모에게 많은 영향을 받는다. 부모가 모범을 보이면 아이도 본받아 잘 자랄 수 있다.

누구나 그렇듯 나 역시 부모님에게 지대한 영향을 받았다. 나는 충남 홍성에서 태어났는데 우리 집뿐 아니라 주위가 모두 넉넉하지 않은 형편이었다. 아버지는 외지에 나가서 일했고 어머니는 집안 살림을 하면서 농사를 지었다. 어머니는 나무를 직접 해와서 땔감으로 썼다. 장녀인 나는 어머니를 도와 나무를 해오고 작물을 골라내는 일을 했다. 동네에서 내 또래가 10여 명 정도 되었는데 그 중에서 가장 열심히 집안일을 도왔다고 자부한다.

어머니는 항상 열심히 일했다. 농사일로 바빠도 집안일을 소홀히 하지 않았다. 아침저녁으로 쓸고 닦은 덕분에 집은 늘 깨끗했다. 다섯이나 되는 자녀들 모두 옷을 깔끔하게 세탁해서 입혔다. 새 옷이 아닐망정 더러운 적이 없었다.

한때는 어머니가 마음에 들지 않은 적이 있다. 어떻게 저렇게까지 일을 할 수 있을까 싶었다. 어머니는 돌아가시기 직전까지 일을 손에서 놓지 않았다. 자녀들에게 줄 김장김치를 만들다가 쓰러진 적도 있다. 지나칠 정도로 부지런한 모습이 싫었는데 내가 그 모습을 쏙 빼닮았다. 부지런히 일하고 약속을 잘 지키고 시간 관리를 잘하는 모습은 어머니에게 물려받았다. 매일 성실하게 보내면 날벼락 같은 행운은 아니어도 매일 조금씩 나아지고, 가족을 포함한 주변 사람들에게까지 좋은 영향을 미친다는 것을 알게 되었다.

노르웨이 철학자 라르스 스벤젠은 현대사회에서 노동의 의미와 가치를 고찰한 《노동이란 무엇인가》에서 노동이 없는 세상을 상상해보자고 제안한다. 칸트의 통찰을 인용해 일을 많이 하는 사람은 아무 일도 하지 않는 사람에 비해 훨씬 큰 만족을 얻을 것이며, 노동은 힘이 솟구치게 한다고 했다. 또 버트런드 러셀의 말을 인용해서 행복하게 살아가려면 확고한 목적만 있어서는 안 되지만, 목적은 행복한 삶에 없어서는 안 되는 조건이고, 확고한 목적은 주로 노동을 통해 실현된다고 했다.

노동의 가치가 폄훼되는 세상이다. 많은 사람들이 일하기 싫어서 부자가 되고 싶어 한다. 고된 노동에서 벗어나 자유롭고 싶어서 혹은 열심히 일해도 그만큼의 대가를 얻기 힘들기 때문일 수도 있다. 부동산, 주식, 코인으로 벼락부자가 되었다는 체험담이 자꾸만 귀를 때릴수록 내 이마에서 흘러내리는 땀방울이 하찮아 보이는 것은 어쩔 수 없다.

그럼에도 나는 일해야 한다고 주장한다. 많은 부자들이 노동의 가치를 귀하게 여긴다. 매일 성실하게 일해서 들어온 고정수입으로 생계를 이어가고 미래를 계획할 수 있다. 종잣돈이 없으면 투자도 불가능하다. 종잣돈은 성실한 노동을 통해 마련할 수밖에 없다. 아무리 돈 버는 기술이 달라졌다고 해도 성실한 노동의 가치가 달라지는 것은 아니다.

큰돈을 번 사람들도 일을 손에서 놓지 않는다. 많은 경영자들이 이구동성으로 죽을 때까지 일하고 싶다고 말한다. 일이 곧 자신이고 자신이 곧 일이라는 것이다. 부자들은 잠든 사이에도 돈을 벌 수 있는 시스템을 구축해놓았지만 일을 하지 않는 것은 아니다. 인간의 정신과 신체 모두를 건강하게 해주고 삶을 살찌우는 것은 노동이다. 어머니에게 배운 노동의 가치를 많은 사람들이 다시금 되살리기를 바란다.

돈보다 품격 있는 삶

나의 아버지는 책을 무척 좋아했다. 호롱불을 피우고 그 옆에서 책을 읽다가 머리카락이 타는 것도 모를 정도로 집중했다. 메모 습관이 있었고 평생 일기를 썼다. 동네 사람들의 부탁을 받아 편지를 대신 써줄 정도로 필력이 좋았고 언변도 뛰어났다. 사람들을 모아놓고 이야기를 들려주면 한눈파는 사람들이 없을 정도였다. 넉넉하지 않은 형편이었으나 남에게 신세 지지 않으려고 했다. 반면 정이 많아 곤란에 처한 이들을 돕는 데는 열심이었다. 뭐든 모으는 걸 좋아해서 옛날 편지, 우표를 다 모아두었다. 어머니처럼 정리정돈을 좋아해서 물건을 늘 제자리에 두었다. 아버지의 독서, 글쓰기, 정리정돈 습관은 나를 비롯해 동생들이 물려받았다. 아버지를 보면서 좋은 생활 습관을 자연스럽게 체득할 수 있었다.

아버지에게 들었던 말 중에 오랫동안 기억에 남는 말이 있다. 어떤 소문이든 내 입에서 나가서는 안 된다는 것이었다. 사건이 일어났거나 못마땅한 사람이 있어도 내 입으로 말하지 말라는 것이다. 문제가 있다면 내가 말하지 않아도 결국은 드러나게 마련이다. 말에 신중을 기하라는 의미인데, 어릴 땐 잘 몰랐다.

우리가 살아가면서 늘 좋은 얘기만 듣고 사는 것은 아니다. 가끔 불쾌한 이야기를 들을 때도 있다. 그렇다고 나쁜 말을 해서는 안 된다. 할 말이 마땅찮다면 침묵하면 된다. 프랑스에서는 침묵이 찾아왔을 때 '천사가 지나갔다'고 표현한다. 미국 사상가이자 시인인 랄프 왈도 에머슨은 "신들의 속삭임을 듣기 위해 침묵하자"라고 했으며, 우리나라에도 "침묵은 금이다"라는 말이 있다. 때로는 침묵이야말로 지혜로운 행동이다.

아버지 덕분에 공부에 대한 열망을 가질 수 있었다. 초등학교 6학년 때 아버지는 서울 구경을 시켜주었는데, 그때 처음 방문했던 곳이 이화여대였다. 우리나라에서 내로라하는 사람들이 나온 대학교라는 말을 듣고 가슴이 부풀어 올랐다. 어려운 형편이었지만 부모님은 우리 형제들을 잘 가르치려고 애썼다. 당시 여자들은 교육의 혜택에서 소외되기 일쑤였지만 부모님은 내가 공부에 열의가 있는 것을 긍정적으로 바라보았다. 어머니는 내가 서울로 올라오는 것을 지지해주었다. 취업해서 기자, 학습지 교사, 부업, 학원 원장 등으로 일하다 뒤늦게 학업을 이어서 석박사 과정까지 밟았을 때 누구보다 기뻐해준 것도 부모님이었다.

아버지를 본받아 나도 할 수 있는 한 남을 돕는 삶을 살려고 노력한다. 대부분의 사람들은 돈을 벌어서 잘 먹고 잘사는 것이 일차적인 목표이지만 나는 누군가에게 도움을 줄 수 있는 사람이 되고 싶다. 돕는 일을 할 때 굳이 사진과 같은 증거를 남기지 않는다. 내 행동을 남들에게 알리는 것은 의미 없다. 신(神)께서 아시는 것으로 충분하다. 남을 돕더라도 생색 내는 법이 없었던 아버지를 닮은 덕분이다.

흔쾌히 남을 돕고 가장으로서 책임을 다하면서도 틈틈이 공부와 독서에 매진했던 아버지를 보면서 나는 품격 있는 삶이 어떤 것인지를 알게 되었다. 돈이 최고의 가치로 추앙받는 시대라 해도 돈이 인생의 전부가 아님을 알게 해주는 품격 있는 사람들이 우리 주변에 많다. 이들은 스스로 행복하고 자기 가족과 주변 사람들도 행복하게 만들려고 애쓴다. 나도 이들처럼 품격 있는 삶을 살고 싶다. 그리고 내 아이에게도 그런 삶을 물려주고 싶다.

부모는 자녀의 거울이라고 한다. 부모의 삶의 태도는 아이에게 그대로 투영되며, 아이는 부모가 보여주는 대로 세상을 본다. 그래서 부모의 역할이 매우 중요하다. 많은 경영자들이 이 점을 알기에 바쁜 시간을 쪼개 자녀와 소통하는 시간을 갖는다. 사람을 대하는 태도, 예의범절, 일할 때의 자세와 마음가짐, 사업 요령 등 책으로 배울 수 없는 풍부한 현장 경험과 지혜를 전하는 것이다.

내 아이가 어떤 삶을 살아갈지 궁금하다면 지금 내 얼굴을 점검해보아야 한다. 마음이 부자인 부모는 자녀를 부유하게 만들 것이고, 마음이 가난한 부모는 자녀를 빈곤하게 만들 것이다. 내 아이가 경제적인 부유함을 누리면서 주변 사람들과 더불어 행복하게 살 것인지, 정반대의 삶을 살 것인지는 부모의 얼굴에 달렸다.

우리는 왜 부자가 되려고 하는가?

나는 부자일까?

책을 마무리하면서 드는 생각이다.

누군가는 부자라고 할 수 있고 또 다른 누군가는 부자가 아니라고 할 수 있을 것이다. 우리나라 상위 1% 부자들이 보기에는 내가 소유한 부(富)가 보잘것없을지 몰라도 여러 금융기관들이 정의한 부의 기준에는 충족하고 남으니 그것으로만 평가한다면 나도 부자라고 할 수 있다.

지금껏 잘 먹고 잘살기 위해 노력했고, 책을 쓰기까지 부자가 되자고 부르짖으며 살아왔다. 하지만 알고 있다. 부자가 되는 것이 목적이 되어서는 안 된다는 것을. 부자가 되어 무엇을 이루고 싶은지가 중요하다. 단지 주머니가 두둑하기만 한 것이 무슨 의미가 있겠는가.

내가 만난 부자들은 대개 부를 통해 삶의 의미를 채워가는 사람들이었다. 가족과 함께 넉넉하고 풍요로운 삶을 사는 것 외에 나와 맞닿아 있는 사람들, 내가 속한 사회를 좀 더 행복하게 만드는 데 관심을 기울인다. 그들을 통해 우리 사회는 발전을 이뤘다.

　내가 만난 이들이 부자 그 너머의 가치를 만들어가고 있었기에 그들의 삶에 관심을 가졌고 그들처럼 되고 싶었다. 배울 점이 없었다면 결코 그들과 일 이상의 유대 관계를 이어가지 않았을 것이다.

　어릴 적 부모님은 내게 한 번도 부자가 돼라고 얘기하지 않았다. 정직하게 살아라, 노력해라, 말조심해라, 남들에게 조금이라도 덕을 끼치는 삶을 살아라, 이것이 부모님으로부터 배운 인생의 가치다. 생계를 고민하는 와중에도 부모님이 강조한 가치는 계속 나를 따라다녔다. 그리고 경제적 여건이 좋아지면서 이런 가치들을 어떻게 구현해야 할지 끊임없이 고민했다. 부족하지만 내가 할 수 있는 한 타인과 접점을 이루고 물질을 나누면서 행복감을 느끼는 중이다. 그러면서 왜 부모님이 내게 물질보다 정신을 물려주려고 애썼는지 수긍할 수 있었다.

사기를 당해 모든 걸 잃었을 때 이런 생각을 했다. "내 앞에 2개의 봉우리가 있다. 나는 하나의 봉우리에 올라와 있는데 다른 봉우리로 올라가려면 날아갈 수는 없으니 내려갔다가 다시 올라가야 한다. 그러니까 지금 바닥으로 내려온 게 당연하다." 이 마음으로 새로운 출발선에 설 수 있었다.

부를 이루기는 힘들어도 사라지는 것은 한순간이다. 많은 사람들이 그것을 찾아 뛰어가지만 어느 순간 사라져버리는 신기루 같은 존재다. 하지만 내가 삶을 바라보는 자세와 마음가짐은 그렇지 않다. 부를 잃어도 내 마음가짐만 건강하다면, 삶의 목표가 분명하다면 얼마든지 다시 일어설 수 있다. 그래서 부를 이루고자 하는 마음보다 더 중요한 것은 행복하고자 하는 마음이다.

요즘은 감사한 마음을 안고 산다. 길이 막혀도, 학원에서 학부모들의 불평불만을 들어도 즐겁다. 이토록 많은 자원, 이토록 좋은 분들이 내 곁에 있으니 감사하지 않을 수 없다.

이 책을 읽는 모든 이들이 부자가 되기를 원한다.

부자가 되는 것은 참 멋진 일이다. 타인의 눈치를 볼 필요 없고,

불확실한 변수에 근심하지 않으며, 일관성 있게 내 삶을 만들어갈 수 있다. 하지만 부를 위해 모든 것을 희생해서는 안 된다. 행복하기 위해 부자가 되려는 것이기 때문이다. 이 책을 읽는 분들이 물질과 정서가 모두 풍요로운 부자가 되기를 진심으로 소원한다.

당신의 존재로 인해 당신이 행복하고

당신의 존재로 인해 타인이 행복하고 이 세상이 유익하기를 바란다.

감히 확신하지만 그렇게 될 것이다.

겟 머니 ──────────
GET MONEY

초판 1쇄 발행 | 2022년 08월 10일
초판 2쇄 발행 | 2022년 09월 15일

지은이 | 이경애
펴낸이 | 정서윤

편집 | 추지영
디자인 | 지 윤
마케팅 | 신용천
물류 | 책글터

펴낸곳 | 밀리언서재
등록 | 2020. 3.10 제2020-000064호
주소 | 서울시 마포구 동교로 75
전화 | 02-332-3130
팩스 | 02-3141-4347
전자우편 | million0313@naver.com
블로그 | https://blog.naver.com/millionbook03
인스타그램 | https://www.instagram.com/millionpublisher_/

ISBN 979-11-91777-21-5 03190

값 · 16,800원